SCORPIO

DER KLEINE SELBSTCOACH

ERIK PIGANI
CHRISTEL PETITCOLLIN

BESSER LEBEN OHNE STRESS

Aus dem Französischen
von Claudia Seele-Nyima

SCORPIO

Der kleine Selbstcoach

In unserer modernen Welt verändern sich die Lebensbedingungen immer rascher und wir geraten häufig in Situationen, in denen wir die Weichen neu stellen müssen. Hierbei ist »Der kleine Selbstcoach« ein wichtiger Begleiter.

Wenn wir uns mit BESSER LEBEN OHNE STRESS befassen, gehört ein weiteres wichtiges Thema dazu: ENTSCHLEUNIGEN – also aussteigen aus dem Hamsterrad des Getriebenseins und dem Glauben, immer noch mehr erledigen zu müssen.

Erik Pigani

TEIL 1

Entschleunigen

Eine wichtige Voraussetzung, damit wir besser ohne Stress leben können, ist, unser aktuelles Leben zu entschleunigen. Denn durch die Schnelllebigkeit unserer Zeit und dem Anspruch, immer mehr in immer weniger Zeit tun zu müssen, kommen wir schnell an unsere inneren Grenzen. Wie hilfreich ist es da, wenn es uns gelingt, langsamer zu werden, damit wir unser Leben wieder gelassener und mit klarem Blick führen können.

Einleitung

*»Jagen Sie dem Leben nicht hinterher:
Es wartet immer noch hinter Ihnen.«*

Erik Pigani

»Die Zeit läuft mir davon!« »Ich habe für nichts mehr Zeit.« »Keine Minute habe ich für mich.« ...

Vielleicht geht es Ihnen wie Millionen anderer Menschen: Ihnen macht die Zeit zu schaffen – eine Krankheit, die offenbar schon so weit um sich gegriffen hat, dass man sie als Seuche bezeichnen könnte! Tatsächlich eine »Zeitkrankheit«? – Genau! Zeit bildet unser Lebensumfeld, genau wie unsere Umwelt. Weil sie untrennbar mit uns verbunden ist, hat eine schlechte Zeitqualität ebenso negative Auswirkungen auf unser Leben wie verschmutzte Luft oder unausgewogene Ernährung.

Genau das erleben wir gerade: Die Zeit ist aus den Fugen geraten – und nicht nur die »Uhrzeit«! Durch die Beschleunigung, die Zersplitterung und vor allem die Verdichtung der Zeit – also den Zwang, immer mehr in immer weniger Zeit zu tun – ist es heutzutage nicht mehr möglich, den Terminkalender unseres Lebens nach Art des siegesgewissen Coachings der 80er- und 90er-Jahre zu führen. Wir müssen uns einer neuen Herausforderung stellen: unsere Wahrnehmung der Zeit zu revidieren und zu lernen, **langsamer** zu werden, damit wir unser Leben wieder gelassener und mit klarerem Blick führen können.

Brauchen Sie »Entschleunigung«?

Hier finden Sie 30 bekannte Symptome, die typisch für den Stress einer zu rasanten und überlasteten Lebensweise sind. Kreisen Sie in den Spalten »nie«, »manchmal« und »oft« die Ziffer ein, die Ihrem persönlichen Empfinden entspricht. Zählen Sie anschließend jede Spalte einzeln zusammen, und errechnen Sie dann Ihre Gesamtpunktzahl.

	nie	manchmal	oft
Mein Gesicht ist angespannt.	0	1	2
Ich habe Nackenverspannungen.	0	1	2
Ich habe Kopfschmerzen.	0	1	2
Ich bin zerstreut.	0	1	2
Ich erledige alles schnell und nicht sehr gut.	0	1	2
Ich habe Rückenschmerzen.	0	1	2
Ich kann mich nur schwer entspannen.	0	1	2
Ich bin müde.	0	1	2
Ich bin mutlos.	0	1	2
Ich schlafe schlecht.	0	1	2
Ich reagiere gereizt.	0	1	2
Ich habe Verdauungsprobleme.	0	1	2
Ich habe hohen Blutdruck.	0	1	2
Ich bin ängstlich oder besorgt.	0	1	2
Ich bin überempfindlich.	0	1	2
Ich bin ab und zu deprimiert.	0	1	2
Ich bin ungeduldig.	0	1	2
Ich fühle mich überfordert.	0	1	2

Ich kann mich kaum noch für etwas begeistern.	0	1	2
Ich gehe auf dem Zahnfleisch.	0	1	2
Ich nehme alles übel.	0	1	2
Ich kann mich nur schwer konzentrieren.	0	1	2
Meine Gedanken sind konfus.	0	1	2
Ich habe Gedächtnislücken.	0	1	2
Ich empfinde Groll.	0	1	2
Ich bin aggressiv.	0	1	2
Ich komme nicht ohne Kaffee aus.	0	1	2
Ich überspringe Mahlzeiten.	0	1	2
Ich blicke auf die Uhr.	0	1	2
Ich kaue auf meinen Nägeln herum.	0	1	2
Ergebnis:	...	...	...
Gesamtergebnis:		39	

Für sich genommen, können all diese Symptome nur ein vorübergehendes Problem sein, das sich entweder von selbst wieder regelt (zum Beispiel »Ich überspringe Mahlzeiten«) oder das mit psychologischem Beistand (zum Beispiel »Ich bin ängstlich«) oder ärztlicher Hilfe (zum Beispiel »Ich habe Bluthochdruck«) wieder in Ordnung kommt. Je mehr Symptome Sie jedoch haben, desto stärker stehen Sie unter Stress – und umso wichtiger ist es, dass Sie die Dinge langsamer angehen ... dringend!

Mein Bedürfnis, langsamer zu werden:

- 0 bis 15 Punkte: Legen Sie etwas häufiger eine Pause ein.
- 16 bis 30 Punkte: Schaffen Sie sich zeitliche Freiräume, damit Sie wieder zu sich selbst finden können.
- 31 bis 45 Punkte: Machen Sie alle Aufgaben in diesem Heft so gründlich wie möglich.
- 46 bis 60 Punkte: Sie sollten dringend innehalten, um sich zu erholen und über Ihr Leben Bilanz zu ziehen.

Zeichnen Sie den Zeiger dort ein, wo Sie derzeit stehen.

Sich Klarheit verschaffen

Welche Persönlichkeit hat Ihre Zeit?

Schauen Sie sich diese sechs Aussagen aufmerksam an:

1. Die Zeit ist unser Feind.
2. Die Zeit ist unser Sklave.
3. Die Zeit ist neutral.
4. Die Zeit ist unser »Schiedsrichter«.
5. Die Zeit ist unser Herr.
6. Die Zeit ist ein Mysterium.

Wählen Sie die drei Aussagen aus, die am ehesten Ihren Vorstellungen entsprechen. Ordnen Sie die Aussagen nach der Bedeutung, die sie für Sie haben:

1. Die Zeit ist neutral.
2. Die Zeit ist unser Herr.
3. Die Zeit ist unser „Schiedsrichter"

Um sich darüber klar zu werden, auf welche Art Sie Ihre Zeit erleben, lesen Sie nun das Porträt Ihrer gewählten Aussage 1 mit dem dazugehörigen Ratschlag. Sie können das Bild, das Sie von der Zeit haben, vervollständigen, indem Sie auch auf Wahl Nummer 2 und 3 Bezug nehmen. Sie werden feststellen, dass es »die« einzige Idealvorstellung der Zeit nicht gibt: Da wir alle einzigartige Persönlichkeiten sind, ist auch unsere Wahrnehmung der Welt einzigartig. Also ist auch unsere persönliche Zeit einzigartig …

SIE HABEN »DIE ZEIT IST UNSER FEIND« GEWÄHLT

Sie verbringen Ihre Zeit im Wettlauf gegen die Uhr. Solch ein Lebensstil hält den Wettbewerbsgeist lebendig und kann den Zugang zu dem, was man in den 80er-Jahren »Erfolg« nannte, erleichtern. In gewisser Hinsicht ist solch eine Einstellung ein Vorteil. Sie strengen sich gerne an und für Sie ist ein Problem erst dann wirklich eines, wenn es schwierig ist.

Rat: Zeit gewinnen oder verlieren hat überhaupt keinen Sinn, denn was auch immer geschieht, Sie haben doch nur so viel Zeit, wie Ihnen insgesamt zur Verfügung steht: 24 Stunden pro Tag! Lernen Sie, sich von Ihrer Geisteshaltung zu lösen und auch einmal nichts zu tun. Erleichtern Sie sich Ihren Alltag dadurch, dass Sie nach und nach überflüssige Aufgaben weglassen. Und schließlich: Hüten Sie sich vor Stress oder sogar Burn-out! Unternehmen Sie unverzüglich etwas, beschäftigen Sie sich mit Antistresstechniken und wenden Sie sie an.

SIE HABEN »ZEIT IST UNSER SKLAVE« GEWÄHLT

Ihnen ist hauptsächlich daran gelegen, Herr Ihrer Zeit zu sein. Dazu teilen Sie sie in viele kleine Abschnitte auf, die Sie stets im Blick behalten können. Alles in Ihrem Leben ist vorprogrammiert! Diese Haltung kann zu einem gewissen beruflichen Erfolg führen – sie gilt sogar als dessen Grundlage, denn die Vorteile einer solchen Lebensauffassung werden in einer Gesellschaft, in der es eher verpönt ist, seine Zeit für unproduktive Ziele zu vergeuden, mit am meisten anerkannt. Die Nachteile liegen jedoch ebenso klar auf der Hand: Da alles kontrolliert werden muss, ohne Hoffnung auf Gewinn oder Verlust, herrscht in Ihrem Leben kaum Platz für Freiheit, Kreativität und die einfachen Freuden zwischenmenschlicher Beziehungen.

Rat: Ihr körperliches und geistiges Unbehagen hat seine Wurzeln zum Teil im Missverhältnis zwischen Ihrer sozialen (ökonomischen) und Ihrer biologischen Zeit: Ihre Art, die Zeit zu nutzen, ist nicht im Einklang mit Ihrer inneren Zeit. Vergessen Sie nicht, dass Sie keine Maschine sind! Entlasten Sie Ihren Alltag von Grund auf, betrachten Sie das Leben aus einer globalen, umfassenden Perspektive, lernen Sie, Pausen einzulegen, zu atmen, den gegenwärtigen Moment bewusst wahrzunehmen und ... langsamer zu werden!

SIE HABEN »ZEIT IST NEUTRAL« GEWÄHLT

Ihr Geist wird nicht vom ständigen Ticken der Uhr beherrscht. Sie betrachten Zeit als eine persönliche Ressource, eine Gabe, die uns bei der Geburt von einer guten Fee geschenkt wird. Darum können Sie jeden Tag Ihrer Fantasie freien Lauf lassen, denn Sie wissen, dass eine tickende Uhr an sich nicht von tieferem menschlichem Wert ist, sondern dass sie allenfalls manchmal von Nutzen sein kann.

Eine solche Lebensweise kann bestimmte Nachteile nach sich ziehen, insbesondere die, dass Sie vielleicht desorganisiert sind und keine Orientierungspunkte haben.

Rat: Lernen Sie, Ihre Zeit besser in den Griff zu bekommen und Ihren Tagesablauf besser zu planen. Vor allem das Durcheinander in Ihrem Alltag führt dazu, dass Sie sich geistig erschöpft fühlen. Damit Sie nicht zu sehr ins Schleudern geraten, sollten Sie die Prinzipien des Kaizen (s. S. 29) beherzigen und sich regelmäßig mit den Aufgaben des Alltags »verabreden«. Sie können auch Seminare aus dem Bereich der persönlichen Entwicklung belegen, die sich mit dem Entdecken der eigenen Persönlichkeit und Selbstbehauptung beschäftigen.

SIE HABEN »ZEIT IST UNSER SCHIEDSRICHTER« GEWÄHLT

Die Zeit ist der Richter Ihres Lebens. Sie haben ihr – und das nicht zu knapp – die Macht zugestanden, Ihr Handeln und Ihre Aktivitäten zu kontrollieren, und lassen zu, dass sie Ihre Gefühle beherrscht. Um sicherzugehen, dass Sie Ihrem System auch gerecht werden, umgeben Sie sich mit allem, was die Existenz Ihres »Schiedsrichters« symbolisiert, und Dingen, die Ihr Leben zeitlich kontrollieren: Armband- und Wanduhren, Sanduhren, Küchenuhren und Stoppuhren unterstützen Sie treu und unentrinnbar.

Rat: Diese Einstellung kann Vorteile bieten: So begünstigt der vorgegebene Lebensrhythmus einen gewissen Erfolg. Vergessen Sie aber nie, dass die Maschine Mensch zu komplex ist, als dass sie genau nach Stoppuhr funktionieren könnte. Entlasten Sie Ihren Tagesablauf so weit wie möglich und lernen Sie, keine Armbanduhr zu tragen. Arbeiten Sie auch mit Ihren Schuldgefühlen (s. S. 23) und nehmen Sie sich Zeit, hin und wieder nichts zu tun.

SIE HABEN »ZEIT IST UNSER HERR« GEWÄHLT

Sie überlassen sich vollständig diesem großen Meister, auf den Sie alles abwälzen und den Sie für alle Entscheidungen, die Ihr Leben betreffen, verantwortlich machen. Ihre bevorzugten Aussprüche sind: »Die Zeit wartet nicht«, »Alles zu seiner Zeit«, »Kommt Zeit, kommt Rat«. Und Sie geben der Zeit übertriebene Macht!

Sie haben sich in einen Käfig gesperrt, der Sie vor Verwirrung und Unsicherheit schützt. Dadurch grenzen Sie jedoch die vielfältigen Lebensweisen, die Ihnen zur Wahl stehen, ein. Dem äußeren Anschein nach mag das Leben zwar leichter sein, wenn die Wahlmöglichkeiten eingeschränkt sind, aber dennoch: Sich von seinem kreativen Potenzial abzukoppeln heißt, sich von einer wesentlichen Funktion des Menschen abzukoppeln, und von seiner Seele …

Rat: **Es kann sein, dass Sie diesen Selbstcoach nach wenigen Seiten wieder zuklappen, weil Sie es für ein übles Machwerk halten. Er hält tatsächlich genau die Werte hoch, die denen, an die Sie geglaubt haben, widersprechen, und empfiehlt Verhaltensweisen, die zu Ihren deutlich im Widerspruch stehen … Falls jemand Ihnen dieses Buch geschenkt hat, verbirgt sich in diesem Geschenk wahrscheinlich eine Botschaft. Wie auch immer: Wollen Sie das Leben mit anderen Augen sehen, dann nehmen Sie die Herausforderung an: Lassen Sie sich auf ein Abenteuer ein!**

SIE HABEN »ZEIT IST EIN MYSTERIUM« GEWÄHLT

Für Sie liegt die Zeit außerhalb des bewussten Bereichs. In gewisser Weise haben Sie recht: Zeit ist die rätselhafteste Variable der Physik und bildet (zusammen mit dem Bewusstsein) eines der großen wissenschaftlichen Mysterien unserer Tage. Das ist allerdings kein Grund, sie zu ignorieren! Ihr Verständnis von Zeit ähnelt wahrscheinlich der Art Ihrer Körperwahrnehmung: Sie sind sich Ihres Magens überhaupt nicht bewusst – bis zu dem Tag, an dem er Ihnen wehtut …

Rat: Sie müssen lernen, Probleme systematisch anzugehen, einen Terminkalender zu führen, zu managen, vorauszudenken, zu planen. Entlasten Sie Ihren Tagesablauf, indem Sie alle Aktivitäten weglassen, die sich nicht lohnen. Sie müssen zwar nicht unbedingt langsamer werden, sollten aber Ihr Dasein so strukturieren, dass Sie es bewusst auf Ihr Lebensziel ausrichten und dieses ansteuern können. Stellen Sie sich Fragen wie: »Was soll ich überhaupt auf der Welt?«, »Welchen Sinn hat mein Leben?«, »Warum bin ich hier?«. Die Antworten darauf – und seien sie auch nur vorübergehend – liefern Ihnen automatisch den Schlüssel, wie Sie in dem Rhythmus vorankommen können, der Ihnen am besten liegt.

Interview mit mir selbst

Spielen Sie einmal Journalist, um zu sehen, wo Sie im Leben stehen. Für diese Übung brauchen Sie ein Aufnahmegerät.

- **Nehmen Sie das Aufnahmegerät, schalten Sie es ein und beantworten Sie dann so, als säßen Sie einem Journalisten gegenüber, folgende Frage: »Warum haben Sie heute das Bedürfnis, die Dinge langsamer anzugehen?«**
- **Wenn Sie fertig sind, hören Sie Ihre Antwort an und schreiben Sie die wichtigsten Gedanken auf.**
- **Schreiben Sie den Text Ihres Interviews auf die beiden folgenden Seiten. Da es sich um einen persönlichen Bericht handelt, schreiben Sie Ihren Text natürlich in der ersten Person.**

- Geben Sie Ihrem Bericht eine Überschrift, indem Sie den Satz auswählen, der Sie am besten charakterisiert. Setzen Sie ihn in Anführungszeichen.
- Suchen Sie ein Foto von sich heraus, das Ihnen am ähnlichsten ist und gleichzeitig Ihren Bericht widerspiegelt.
- Erstellen Sie eine kleine »Bildunterschrift« mit Ihrem Vornamen, Alter, Familienstand und Beruf (zum Beispiel: Viola, 45, Mutter von zwei älteren Teenagern, stellvertretende Küchenchefin in einem großen Restaurant).

MEIN PERSÖNLICHER BERICHT

Überschrift

Bericht

Mein Foto

Legende ____

Zeitdiebe

Der Ausdruck »Zeitdiebe« (oder auch »Zeiträuber, Zeitfresser, Zeitkiller«) ist inzwischen allgemein bekannt. Er bezieht sich auf die Untersuchungen eines amerikanischen Forschers, Alec Mackenzie[1], der Mitglieder ganz unterschiedlicher Berufsgruppen eine Liste von »Zeitdieben« hatte erstellen lassen. Auf diese Weise ermittelte er etwa 30 »äußere« und »innere« Zeitdiebe. Hier eine überarbeitete und korrigierte Liste mit 30 zeitraubenden Aktivitäten, Verhaltensweisen und Geisteshaltungen, die unmittelbar Ihren privaten und beruflichen Alltag beeinflussen:

- **Fernsehen**
- **E-Mails**
- **Warteschlangen**
- **Staus**
- **Soziale Netzwerke im Internet**
- **Blogs**
- **Instandhaltung und Reparaturen von Haushaltsgeräten**
- **»Fahrdienst« für die Kinder**
- **Haushalt**
- **Prioritäten und konfuse Zielsetzungen**
- **»Papierkram«**
- **Überraschender Besuch**
- **Perfektionismus**
- **Mangelnde Ordnung**
- **Telefonanrufe**
- **Unfähigkeit zu delegieren**
- **Übertriebene Aufmerksamkeit auf Details richten**
- **Ablehnung von Veränderungen**

---

1 Alec Mackenzie: *Die Zeitfalle. Der Klassiker für Zeitmanagement in Neuausgabe.* Sauer Verlag, Heidelberg 1997 (11. Aufl.).

- Unentschlossenheit
- Einkäufe
- Unnötige Plaudereien
- Ungelöste Konflikte
- Plötzliche Unterbrechungen durch die Kinder
- Verlust des Zeitgefühls
- Unfähigkeit, Nein zu sagen
- Müdigkeit und Stress
- Mangelnde Planung
- Sammeln von Informationen
- Unvorbereitete Gespräche
- Ausufernde Besprechungen

Meine Zeitdiebe

Erstellen Sie eine Liste der 7 Zeitdiebe, die Ihre »Verbündeten« sind (die Sie mögen), und der 7 »aufgezwungenen« Zeitdiebe (die Sie nicht mögen). Ordnen Sie sie ihrer Bedeutung nach. Je mehr Ihrer Zeitkiller Sie jetzt herausfinden, umso leichter werden Sie sie erkennen, sobald sie in Erscheinung treten.

Meine wichtigsten »verbündeten« Zeitdiebe:

1. __________
2. __________
3. __________
4. __________
5. __________
6. __________
7. __________

Meine wichtigsten »aufgezwungenen« Zeitdiebe:

1. ______________________________

2. ______________________________

3. ______________________________

4. ______________________________

5. ______________________________

6. ______________________________

7. ______________________________

Meditieren Sie einige Minuten über Ihre »Zeitdiebe«. Machen Sie sich einfach bewusst, welchen Platz sie in Ihrem Leben einnehmen, denken Sie darüber nach und überlegen Sie, wie Sie diese Liste kürzen könnten. Kommen Sie nochmals darauf zurück, wenn Sie einige der kleinen Schritte zur Entschleunigung (s. S. xx) praktiziert haben.

Den Stier bei den Hörnern packen

Zum Teufel mit den Schuldgefühlen!

Wie viele andere haben Sie bestimmt ein schlechtes Gewissen, weil Sie »keine Zeit haben«, eine Arbeit zu beenden, eine Einladung anzunehmen, eine Besorgung zu machen, den Koffer sofort nach der Rückkehr von einer Reise auszupacken, zur Reinigung zu gehen, nicht alles erledigen zu können, was Sie sich vorgenommen haben, usw. Diese Form der Schuldgefühle ist zermürbend und knabbert an der Zeit, die Sie mit sich im Einklang sein könnten. Sie bewirkt, dass wir auf die Ferien warten, um uns endlich einmal gehenlassen zu können. Doch wie verhält es sich damit in einer fest umgrenzten, von der Gesellschaft »genehmigten« Zeit? Manche haben ihre Schuldgefühle in Bezug auf die Zeit schon zur Lebenskunst erhoben.

»Ich habe überhaupt keine Zeit mehr!«
Erklären Sie in drei Zeilen, was dieser Satz für Sie bedeutet:

____

____

____

Er könnte bedeuten: »Ich habe keine Zeit mehr, innezuhalten und nichts zu tun.«
Wenn Sie geantwortet haben: »Ich kann nicht noch mehr tun als das, was ich ohnehin schon tue« oder etwas Ähnliches, dann denken Sie einmal darüber nach, warum das so ist.

Sosehr »einfache« Schuldgefühle auch ihre Berechtigung haben mögen – durch sie können wir uns nach dem Sinn des Lebens, nach Gut und Böse, dem Zweck unseres Tuns fragen –, so sehr bewirken zeitbezogene Schuldgefühle, dass wir Energie verlieren – und Zeit! Für viele haben sich solche Schuldgefühle in den 80er-Jahren zum ersten Mal bemerkbar gemacht, einer Periode, in der extrem hohe Leistungs- und Erfolgszwänge in unsere Gesellschaft Einzug hielten. Eine Ideologie der Spitzenleistungen und des Wettbewerbs erzeugte eine Form der Schuldgefühle, die mit dem Eindruck einhergeht, »den Anforderungen nicht gewachsen zu sein«. Verstärkt durch eine Zeit, die fortwährend schnelllebiger wird und sich beschleunigt, hat sich dieses schlechte Gewissen bisweilen sehr tief eingeprägt: Manche meinen sogar, sie seien selbst verantwortlich dafür, dass sie sich in ihrer eigenen Zeit unwohl fühlen … Verantwortlich sein bedeutet jedoch zuallererst, die eigenen Grenzen zu akzeptieren – unter anderem die Einschränkungen, die uns vom Alter auferlegt werden: Mit 60 kann man nicht mehr dasselbe tun wie mit 20 oder 30. Verantwortlich sein, das heißt auch, fähig zu sein, Entscheidungen über sein Leben, die Arbeit, das Privatleben zu treffen und sich selbst dabei das Recht auf Irrtümer zuzugestehen. Genau darin liegt der Weg, wie wir aus der verdummenden Gefangenschaft der Schuldgefühle ausbrechen können, die um all die »Beeil-dichs« unserer Kindheit herum aufgebaut wurden.

Schuldgefühle, die mit der Zeit in Zusammenhang stehen, sind mit am leichtesten zu lösen: Sie wurzeln weder in einer tiefen Ethik noch in einer grundlegenden Vorstellung von Gut und Böse, sondern lediglich in unserer subjektiven Wahrnehmung und unseren Vorurteilen. Schuldeinflößende Botschaften sind wie negative Gedanken, die Sie durch positive Gedanken ersetzen können. Erleben Sie es selbst:

Zählen Sie fünf »unnötige« Schuldgefühle auf, die Sie belasten:

- Ich fühle mich schuldig, weil ich nicht schnell genug bin.
- Ich fühle mich schuldig, weil ____________________
- Ich fühle mich schuldig, weil ____________________
- Ich fühle mich schuldig, weil ____________________
- Ich fühle mich schuldig, weil ____________________
- Ich fühle mich schuldig, weil ____________________

Und nun greifen Sie sie noch einmal auf, indem Sie »Es ist nicht meine Schuld, dass …« davorsetzen und fünfmal laut vorlesen:

- Es ist nicht meine Schuld, dass ich nicht schnell genug bin.
- Es ist nicht meine Schuld, dass ____________________
- Es ist nicht meine Schuld, dass ____________________
- Es ist nicht meine Schuld, dass ____________________
- Es ist nicht meine Schuld, dass ____________________
- Es ist nicht meine Schuld, dass ____________________

Suchen Sie unten die Aussagen aus, die Sie »ansprechen«, und schreiben Sie sie auf einen kleinen Zettel, den Sie anschließend in die Tasche stecken und bei sich tragen. Sobald Sie auch nur den kleinsten Anflug eines Schuldgefühls spüren, lesen Sie sich die Sätze laut vor – falls nötig, mehrmals.

Zwölf Aussagen, damit Sie sich nicht mehr aus Zeitgründen schuldig fühlen

1. Ich habe das Recht, meine eigene Zeit zu leben.
2. Pausen sind für meinen Körper und meinen Geist unbedingt notwendig.
3. Zu rasant zu leben kann zu schweren Unfällen führen.
4. Ich habe das Recht, meine Zielsetzung zu ändern.
5. Ich habe das Recht, Nein zu sagen – zu mir und zu anderen.
6. Ich habe das Bedürfnis, langsamer zu werden, um mich an diese Welt anzupassen, die in einem grundlegenden Wandel begriffen ist.
7. Ich brauche keine Angst zu haben, mir neue, andere Verhaltensweisen zuzulegen.
8. Ich habe das Recht, mich dem sozialen Druck zu entziehen, um durchzuatmen.
9. Wir alle müssen zu einem Lebensrhythmus zurückfinden, der mit dem Kreislauf der Natur im Einklang ist.
10. Es gibt nichts Natürlicheres, als älter zu werden.
11. Wenn ich Zeit verliere, gewinne ich Zeit für mich.
12. Schuldgefühle bewirken nicht, dass es vorangeht, sondern dass es zu Verzögerungen kommt.

»Guten Tag«, sagte der kleine Prinz.
»Guten Tag«, sagte der Händler.
Er handelte mit höchst wirksamen durststillenden Pillen.
Man schluckte jede Woche eine und spürte überhaupt kein Bedürfnis mehr, zu trinken.
»Warum verkaufst du das?«, fragte der kleine Prinz.
»Das ist eine große Zeitersparnis«, sagte der Händler.
»Die Sachverständigen haben Berechnungen angestellt.
Man spart dreiundfünfzig Minuten in der Woche.«
»Und was macht man mit diesen dreiundfünfzig Minuten?«
»Man macht damit, was man will ...«
»Wenn ich dreiundfünfzig Minuten übrig hätte«, sagte der kleine Prinz, »würde ich ganz gemächlich zu einem Brunnen laufen ...«

ANTOINE DE SAINT-EXUPÉRY, DER KLEINE PRINZ[2]

Halbieren Sie alles

Der Mensch hat die Erde krank gemacht, für ein »Zuviel«,
das zum Leben unnötig ist.
Zu viele Autos, zu viel Nahrung, zu viel Komfort,
zu viele Zerstreuungen.
All das vergiftet unser Dasein.

GITTA MALLASZ

2 Übers. von Grete und Josef Leitgeb. Karl Rauch Verlag, Düsseldorf 1950/1998, S. 75.

Was zu viel ist, ist zu viel! Es gibt ein ganz einfaches Mittel, um aus dem endlosen Teufelskreis des Ansammelns auszusteigen, nämlich, indem man sich bei allen Dingen des Alltags an die Regel des Halbierens hält: beim Einkaufen, bei den Aktivitäten, beim Ausgehen ...

Sie können sogar die Anzahl Ihrer Freunde halbieren! Bei Ihren Facebook-»Freunden« könnten Sie beginnen – das ist in der Regel leichter, weil es normalerweise weder ein Problem ist noch besonders wehtut ... Anschließend können Sie Ihre Liste der »wahren Freunde« aktualisieren – derjenigen, auf die Sie zählen können, was auch immer geschehen mag.

MEIN HALBIERUNGSZETTEL

Was ich halbieren kann

› die Liste meiner Facebook-»Freunde«

Was ich nicht halbieren kann

____

____

____

____

____

____

____

____

Zen-Meditation

Stellen Sie sich eine Sanduhr vor. Nehmen Sie sie in die Hand, drehen Sie sie um. Betrachten Sie die Uhr ganz entspannt und atmen Sie währenddessen tief aus und ein. Was geschieht? Der Sand läuft ... und mit ihm die Zeit. Betrachten Sie die Uhr noch eine Zeit lang aufmerksam und legen Sie sie dann zur Seite. Was geschieht?

Eine Minute lang die Zeit einmal anders sehen

Wie wäre es, wenn Sie sich eine Minute täglich bewusst auf die Hausarbeit konzentrieren würden? Ja, nur eine Minute! Das ist die Grundlage des Kaizen – ein japanischer Begriff, den man mit »Veränderung zum Besseren« oder »kontinuierlicher Verbesserungsprozess« wiedergeben könnte. In Japan wird Kaizen seit etwa 60 Jahren als Managementmethode genutzt, um die Arbeitsqualität zu verbessern und dauerhafte Veränderungen in Gang zu bringen. Das Prinzip ist bestechend einfach: Statt sich für ein umfassendes, anspruchsvolles Programm zu verpflichten, das einen beträchtlichen persönlichen Einsatz erfordert, beginnt man mit ganz kleinen, sehr kurzen Handlungen – eine bis fünfzehn Minuten lang –, die mit sehr wenig Mühe verbunden sind.

Einige Vorteile des Kaizen:

› **Durch kurzfristige, leicht erreichbare Ziele können wir unsere unbewussten inneren Widerstände gegen Veränderungen überwinden.**
› **Kaizen ermöglicht es, nicht in die Falle des »Guter-Entschluss-Effekts« zu tappen, bei dem gute Entschlüsse letztlich – manchmal sogar sehr schnell – den Zwängen des Alltags weichen müssen …**
› **Kaizen bringt Selbstvertrauen zurück, denn Kaizen vermeidet Niederlagen und nicht zu Ende gebrachte Vorhaben und damit auch Schuldgefühle, Selbsterniedrigung und Scham, die die Niederlagen wegen vermeintlicher »Unfähigkeit« nach sich ziehen.**
› **Kaizen lehrt uns, an dauerhaftem Erfolg Geschmack zu finden: Jede kleine Handlung, die ganz bewusst ausgeführt wird, ist stets eine Quelle der Zufriedenheit und der Freude über eine gut vollbrachte Arbeit.**

Beantworten Sie folgende Frage: »Wenn ich morgen eine Minute zur freien Verfügung hätte, was würde ich tun?« Kreuzen Sie das entsprechende Feld an.

1. Ich würde es nicht einmal merken.
2. Ich würde die Augen schließen und atmen.
3. Ich würde mich umgehend auf die Erledigung der Post stürzen, mit der ich im Rückstand bin.
4. Ich würde innehalten und gar nichts tun.
5. Ich wäre völlig orientierungslos und durcheinander.
6. Ich würde ein bisschen im Internet surfen.
7. Ich würde die Gelegenheit nutzen und meine geistige Anspannung lösen, indem ich in den Himmel blicke.
8. Ich würde einen Freund anrufen, um ihm zu sagen, dass ich mit ihm telefonieren möchte.
9. Ich wüsste nicht, wie ich morgen eine freie Minute für mich haben könnte.

2, 4, 7: Sie sind in der Lage, landschaftlich schöne Wege einzuschlagen, um das Leben zu genießen.

3, 6, 8: Sie nehmen lieber einen Autobahnabschnitt, um Zeit zu gewinnen. Legen Sie hin und wieder einen Halt ein.

1, 5, 9: Sie fahren viel zu schnell! Wenn Sie den Fuß nicht vom Gas nehmen, riskieren Sie einen Unfall.

Bereiten Sie Ihre »Kaizen-Minuten« vor, indem Sie Folgendes auflisten: 1. Pflichtaktivitäten, die Sie aus Zeitmangel schleifen lassen; 2. Pflichtaktivitäten, die Sie unaufhörlich aufschieben, weil Ihnen der Mut fehlt; 3. angenehme private Aktivitäten, die Sie aus Zeitmangel aufschieben; 4. Aktivitäten, die Sie schon immer ausüben wollten, an die Sie sich bislang aber nie herangewagt haben:

1. Was ich tun sollte, aber schleifen lasse:

____

____

____

____

____

2. Was ich zwar tun sollte, wozu ich aber nicht den Mut finde:

____

____

____

____

____

3. Was ich tun will, wozu mir aber die Zeit fehlt:

4. Was ich schon immer tun wollte, aber nie gewagt habe:

MEINE KAIZEN-MINUTE

Um Kaizen auszuprobieren, wählen Sie eine (einzige) Aktivität aus Ihrer Liste Nummer 1 aus (Was ich tun sollte, aber schleifen lasse), die Sie sechs Tage lang jeweils ein (oder zwei) Minuten ausüben könnten (der Sonntag ist frei!):

Wählen Sie auf dem Stundenplan unten eine Uhrzeit zum täglichen Ausüben dieser Aktivität aus. Nehmen Sie einen Stift und ziehen Sie einen Strich, der Ihre Kaizen-Minute darstellt. Damit diese Methode wirksam ist, sollten Sie am besten immer dieselbe Uhrzeit wählen. Beschließen Sie zum Beispiel, morgens um 7.45 Uhr in der Küche eine Minute Kaizen zu üben, und richten Sie es so ein, dass Sie es *jeden Tag* um 7.45 Uhr tun.

	Montag	Dienstag	Mittwoch	Donnerstag	Freitag	Samstag
7.00 Uhr						
8.00 Uhr						
9.00 Uhr						
10.00 Uhr						
11.00 Uhr						
12.00 Uhr						
13.00 Uhr						
14.00 Uhr						
15.00 Uhr						
16.00 Uhr						
17.00 Uhr						
18.00 Uhr						
19.00 Uhr						
20.00 Uhr						
21.00 Uhr						
22.00 Uhr						
23.00 Uhr						

Wenn Sie dieses Experiment gemacht haben, beginnen Sie eine zweite Woche mit einer Aktivität aus Liste 2 (Was ich zwar tun sollte, wozu ich aber nicht den Mut finde).

Meine Kaizen-Aktivität der zweiten Woche:

Ziehen Sie mit einem andersfarbigen Buntstift einen neuen Strich auf der Seite mit dem Stundenplan (er entspricht also Ihrer Kaizen-Minute der Woche 2).

Machen Sie nun das Experiment in der dritten Woche mit einer Aktivität aus Liste 3 (Was ich tun will, wozu mir aber die Zeit fehlt).

Meine Kaizen-Aktivität der dritten Woche:

Ziehen Sie mit dem Buntstift einer dritten Farbe einen Strich auf der Stundenplan-Seite.

Machen Sie das Experiment in der vierten Woche mit einer Aktivität aus Liste 4 (Was ich schon immer tun wollte, aber nie gewagt habe).

Meine Kaizen-Aktivität der vierten Woche:

Ziehen Sie mit dem Buntstift einer anderen Farbe einen Strich auf der Stundenplan-Seite.

Haben Sie sich an dieses Programm gehalten? Bravo! Schreiben Sie Ihre Schlussfolgerungen hier auf:

Wenn Kaizen Ihnen liegt und Sie diese Methode, »seine Zeit gut zu leben«, anwenden wollen, nehmen Sie Ihre Aktivitätenlisten von S. 20 noch einmal zur Hand und wählen Sie die Aktivitäten, die Sie möglichst regelmäßig ausüben wollen. Nun brauchen Sie nur noch zu entscheiden, wie viel Zeit Sie den Aktivitäten widmen wollen: 1 Minute, 2 Minuten, 5 Minuten? Aber nicht mehr als 15 Minuten ...

Wenn Sie nicht die Zeit finden, Kaizen wenigstens einmal auszuprobieren, überlasse ich es Ihnen, Ihre Schlussfolgerungen aufzuschreiben ...

Die »Slow«-Bewegung: Was ist das?

Die »langsame Revolution« wurde 1986 mit **Slow Food** ins Leben gerufen: Um gegen die Macht und den zunehmenden Einfluss von MacDonald's anzugehen, kämpfte eine ökologische Vereinigung in Italien dafür, dass die Menschen wieder zur biologischen Ernährung zurückfänden, ausschließlich mit lokalen Produkten, einer einfachen, aber qualitativ hochwertigen Küche und ... einer langsamen Art zu essen! In wenigen Jahren wurde diese Devise von Tausenden Anhängern eines gesunden Lebens praktiziert. 1999 breitete sich die Bewegung unter der Bezeichnung »Cittàslow« (»langsame Stadt«) aus und umfasst heute beinahe 150 Gemeinschaften in etwa 20 Ländern. Alle Gemeinschaften halten sich an annähernd 70 Richtlinien: Lärm und Verkehr reduzieren, Lebensqualität und eine saubere Umwelt bewahren, die lokale Gastronomie und Gastlichkeit aufwerten ... Die Slow-Life-Bewegung wiederum wurde, wie es heißt, aus der Notwendigkeit heraus geboren: Während wir seit etwa 20 Jahren auf die Frage, wie man mit Zeitmangel umgehen solle, die Antwort erhalten: »Werde noch schneller!«, sind einige zur Rebellion übergegangen. So hält zum Beispiel in Österreich der Verein zur Verzögerung der Zeit (www.zeitverein.com) jedes Jahr ein Symposium über eine »respektvollere Art zu leben« ab, die darauf basiert, dass jedem die Möglichkeit gegeben ist, Widerstand gegen die Schnelllebigkeit zu leisten. In den Vereinigten Staaten beteiligen sich jährlich Tausende Aktivisten, die sich für ein weniger stressiges Leben einsetzen, am Aktionstag »Take Back Your Time« und besuchen Seminare, die sich mit den verheerenden Folgen der Überanstrengung befassen. In Anbetracht der weltweiten Ausbreitung der »Slow«-Bewegung handelt es sich durchaus nicht um eine vorübergehende Mode!

Sie selbst nehmen gerade daran teil ...

Nehmen Sie sich die Zeit … langsamer zu werden!

25 kleine Schritte, damit Sie lernen, die Dinge langsamer anzugehen

Erleben Sie in Ihrem eigenen Rhythmus all diese kleinen Etappen, um wieder zu einem menschlicheren Rhythmus zurückzufinden.

1. Verlangsamen Sie Ihre Gesten.
2. Bleiben Sie im Bett liegen.
3. Brechen Sie zehn Minuten zu früh auf.
4. Tun Sie nicht mehrere Dinge auf einmal.
5. Hören Sie auf Ihre »innere Uhr«.
6. Vergessen Sie Ihre Uhr.
7. Schalten Sie den Fernseher aus.
8. Verurteilen Sie Ihren Fernseher zur Sklaverei.
9. Nehmen Sie ein Bad.
10. Gehen Sie ein bisschen spazieren.
11. Gehen Sie nicht einkaufen.
12. Hören Sie anderen zu.
13. Gönnen Sie sich Pausen.
14. Nehmen Sie den Geschmack Ihres Essens wirklich wahr.
15. Tun Sie gar nichts …
16. Schaffen Sie ein Ritual.

17. Durchbrechen Sie die Routine.
18. Atmen Sie.
19. Bitten Sie um Hilfe.
20. Gönnen Sie sich eine Massage.
21. Schaffen Sie sich Ihren heiligen Raum.
22. Schalten Sie Ihr Handy aus.
23. Ziehen Sie sich zurück – schließen Sie sich ein.
24. Halten Sie Mittagsschlaf.
25. Pflanzen Sie einen Garten.

Bereiten Sie diesen kleinen Ausflug vor, indem Sie alle Schritte bunt ausmalen.

1. VERLANGSAMEN SIE IHRE GESTEN

Um zu lernen, langsamer zu werden, gibt es nichts Besseres, als körperlich die positiven Auswirkungen der Entschleunigung zu spüren, und zwar mit der »Honigtopf-Übung«. Wählen Sie eine tägliche Handlung aus, die Sie gewöhnlich schnell oder routinemäßig erledigen:

- Tee zubereiten
- Duschen
- Zähne putzen
- Geschirr spülen
- Gemüse schälen
-
-

>

>

>

>

>

Meine Auswahl:

____

____

Wenn Sie bereit sind, atmen Sie langsam und tief ein und aus und verlangsamen Sie all Ihre Bewegungen extrem. Konzentrieren Sie sich auf Ihre Haltung, auf jede Ihrer Gesten, den Gegenstand, den Sie gerade benutzen, die physische Empfindung, wenn Sie ihn berühren ... Um noch langsamer zu werden, stellen Sie sich vor, Sie wären in einen *riesigen Honigtopf* eingetaucht.

Ich habe dieses Experiment am ________ gemacht.

○ *Ich würde es gerne wiederholen.*

○ *Ich möchte es nicht wiederholen.*

2. BLEIBEN SIE IM BETT LIEGEN

2 oder 3 Minuten genügen ... Kommen Sie langsam zu sich, während Sie die Augen geschlossen halten und tief atmen. Reiben Sie sanft Ihr Gesicht, streichen Sie über die Decke, kneten Sie

das Kopfkissen, strecken Sie sich. Lassen Sie sich Zeit, aufzuwachen. Es geht nicht darum, lange auszuschlafen, sondern Sie sollen nur ein bisschen warten – ohne schlechtes Gewissen! Diese drei Minuten geben Ihnen die Möglichkeit, wieder Kontakt mit Ihrem Körper aufzunehmen, Ihre Umgebung bewusst wahrzunehmen, zu warten, bis Träume sich verflüchtigen, oder aber über sie nachzudenken. Öffnen Sie die Augen erst, wenn Sie wirklich das Gefühl haben, zum Aufstehen bereit zu sein. Wenn Sie meinen, Sie hätten nicht genügend Zeit zum Liegenbleiben, dann stellen Sie den Wecker um drei Minuten vor. Das Aufwachen ist der erste Moment, den man wirklich mit sich selbst verbringen kann. Das ist weder »nichts tun« noch »Zeit verlieren«: Sie werden schon bald feststellen, dass alle Tage, die mit diesen 3 Minuten für Sie selbst beginnen, eine andere Grundstimmung haben als diejenigen, bei denen Sie direkt von null auf 100 beschleunigen. Springen Sie also nicht mehr überstürzt aus dem Bett und sorgen Sie dafür, dass diese Rückkehr ins wirkliche Leben zu einer guten Gewohnheit wird.

Ich habe dieses Experiment am ________ gemacht.

- ○ *Ich würde es gerne wiederholen.*
- ○ *Ich möchte es nicht wiederholen.*

»Zeit ist Geld.«

Für Sie ist das

- eine Redensart
- ein Aberglaube

3. BRECHEN SIE 10 MINUTEN ZU FRÜH AUF

Ganz gleich, zu welcher Verabredung oder welchem Ort Sie sich aufmachen, sei es allein oder mit der Familie: Gehen Sie immer zehn Minuten zu früh los. Auf diese Weise vermeiden Sie ein erhebliches Maß an Stress und können auch einer Verspätung auf der Straße oder in öffentlichen Verkehrsmitteln vorbeugen, falls es dazu kommen sollte. Sie haben gute Gründe, Geschmack an dieser positiven Gewohnheit zu finden: Sie wissen dann, dass Sie bei der Ankunft zehn Minuten für sich selbst haben werden, in denen Sie entweder an gar nichts denken oder nachdenken, atmen, beobachten, zur Ruhe kommen, wieder zu sich selbst zurückfinden können. Probieren Sie dieses Abenteuer mindestens einen ganzen Tag lang aus, und Sie werden bemerken, dass Ihr geistiger Zustand sich unmittelbar verändert. Diese zehn Minuten des Zu-früh-Kommens sind nicht »zehn verlorene Minuten«, sondern zehn Minuten, in denen Sie sich wohlfühlen können ...

Ich habe dieses Experiment am ________ gemacht.

- ○ *Ich würde es gerne wiederholen.*
- ○ *Ich möchte es nicht wiederholen.*

4. TUN SIE NICHT MEHRERE DINGE AUF EINMAL

»Wenn du gehst, geh einfach nur. Wenn du sitzt, dann sitz einfach nur«, antwortete der Zen-Meister Ummon (chin. Yunmen) einem Schüler, der ihn gefragt hatte, wie er im Einklang mit sich sein könne.

Lassen Sie einen ganzen Tag lang alle alten Prinzipien des Zeitmanagements aus den Achtzigern, die auf Leistung beruhen, fallen und nehmen Sie den gegenwärtigen Moment bewusst wahr: Lesen Sie nicht in der Badewanne, sehen Sie nicht fern, wenn Sie essen, hören Sie nicht die Nachrichten beim Putzen, beginnen Sie kein Telefonat beim Kochen, spielen Sie im Bus nicht mit Ihrem Smartphone ... Seien Sie einfach präsent und nehmen Sie sich und die anderen wahr.

Einfach, klar, wirkungsvoll ... und doch sehr viel schwieriger in die Tat umzusetzen, als man denkt!

Ich habe dieses Experiment am ________ gemacht.

○ *Ich würde es gerne wiederholen.*

○ *Ich möchte es nicht wiederholen.*

5. HÖREN SIE AUF IHRE »INNERE UHR«

Um das Gespür dafür wiederzuerlangen, wie die Zeit vergeht, setzen Sie sich auf einen bequemen Stuhl, gegenüber einer Wanduhr, einem Wecker oder einer Armbanduhr. Sie brauchen sich nicht zu entspannen, zu meditieren oder wie auch immer körperlich zu bemühen. Versuchen Sie lediglich, den Rücken aufzurichten. Sehen Sie nach der Uhrzeit und schließen Sie die Augen. Halten Sie sie fünf Minuten lang geschlossen. Denken Sie einfach an den gegenwärtigen Augenblick, lassen Sie das »Hier und Jetzt«, das Ihnen allein gehört, in Ihr Bewusstsein dringen. Atmen Sie währenddessen ruhig und gleichmäßig. Wenn Sie meinen, die fünf Minuten seien um, öffnen Sie die Augen und sehen Sie nach, wie spät es ist.

Wenn Sie die Augen weniger als vier Minuten geschlossen hatten, ist Ihr persönlicher Rhythmus schneller als der auf der Uhr. Haben Sie die Augen erst nach mehr als sechs Minuten geöffnet, ist Ihr Rhythmus langsamer. Es gibt keinen »guten« oder »schlechten« Rhythmus, sondern lediglich einen persönlichen Rhythmus, der langsamer oder schneller ist als das Tempo der sozialen Zeit und den man sich einfach einmal bewusst machen sollte.

Ich habe dieses Experiment am ________ gemacht.

○ *Ich würde es gerne wiederholen.*

○ *Ich möchte es nicht wiederholen.*

6. VERGESSEN SIE IHRE UHR

Befreien Sie sich von einer Fessel: Ihrer Uhr! Dieses kleine Nutzobjekt ist eines der großen Symbole unserer Gesellschaft – in solchem Maße, dass es in den 80er- und 90er-Jahren fast genauso absonderlich war, keine Uhr zu tragen, wie ohne Schuhe herumzulaufen ... Die Armbanduhr verknüpft uns zu stark mit der Arbeitszeit, dem Luxus, dem gesellschaftlichen Erfolg. Und sie dient im Allgemeinen nicht dazu, die Uhrzeit abzulesen, sondern auszurechnen, wie viel Zeit uns noch bleibt!

Und dennoch: Ohne Uhr zu leben ist möglich! Es genügt, auf Ihr Handy zu blicken, wenn Sie wissen wollen, wie spät es ist. Das Fehlen von Zeigern hat sogar einen Vorteil: Wir müssen die Uhrzeit wirklich lesen, was eine weiter gefasste Perspektive in Bezug auf die Zeit ergibt als ein einfacher Blick auf die noch verbleibende Zeit ...

Vergessen Sie an einem Morgen einmal absichtlich Ihre Uhr. Bestimmt wird Sie einen Moment lang Panik erfassen, so als müssten Sie ohne Kompass und Überlebensausrüstung in den Dschungel aufbrechen. Indem Sie sich von dieser Fessel befreien, sollten Sie allmählich Ihr Gespür für das Verstreichen der Zeit wiederfinden – selbst wenn Sie es manchmal vergessen müssen, um nicht mehr zu sehen, wie die Zeit vergeht.

Ich habe dieses Experiment am ________ gemacht.

○ *Ich würde es gerne wiederholen.*

○ *Ich möchte es nicht wiederholen.*

7. SCHALTEN SIE DEN FERNSEHER AUS

Es ist einer der großen Ratschläge aller Experten für Kindererziehung: Schalten Sie den Fernseher aus – bei den Mahlzeiten, den Hausaufgaben und wenn Besuch kommt. Verwenden Sie ihn vor allem nicht als Geräuschkulisse! Warum sollte das, was für Kinder selbstverständlich ist, nicht auch für Sie gelten, die Sie laut Statistik fast fünf Stunden täglich vor der Flimmerkiste sitzen? Verbringen Sie hin und wieder einen ganzen Abend ohne Fernsehen!

Um zu vermeiden, dass Sie dann in ein Loch fallen, gehen Sie schrittweise vor:

› **Planen Sie diesen Abend in maximal drei Tagen ein.**
› **Stellen Sie sich diese Frage: »Was fange ich mit dieser Freizeit an?« (Sie haben das Recht, alles zu tun – auch »nichts zu tun« oder eine Stunde lang in der Wanne zu liegen. Versuchen Sie aber nicht, den Abend um jeden Preis auszufüllen.**

Was ich tun will:

____

____

____

› **Wenn der betreffende Abend anbricht, setzen Sie sich vor den eingeschalteten Fernseher. Schalten Sie ihn aus und lauschen Sie mindestens drei Minuten der Stille ...**

Ich habe dieses Experiment am ________ gemacht.

○ *Ich würde es gerne wiederholen.*

○ *Ich möchte es nicht wiederholen.*

8. VERURTEILEN SIE IHREN FERNSEHER ZUR SKLAVEREI

Außer den Fernseher ein für alle Mal loszuwerden, gibt es nur einen einzigen Weg, sich nicht von ihm versklaven zu lassen: ihn selbst zum Sklaven machen! Und das heißt: ihn kontrollieren! Das Geheimnis: Legen Sie das Wochenprogramm im Voraus fest. Die ganze Aktion ist schnell erledigt – es genügt, eine Fernsehzeitschrift oder eine Internet-Programmvorschau zu Rate zu ziehen und eine Wahl zu treffen. Halten Sie alle Sendungen, die Sie interessieren, und Filme, die Sie nicht verpassen wollen, schriftlich fest. Das gibt Ihnen zunächst eine solide Grundlage, mit der Sie sich an die von Ihnen getroffene Auswahl halten und anschließend die Anzahl der Stunden, die Sie jede Woche vor dem Fernseher zubringen, ausrechnen können. Das könnte allerdings zu Überraschungen führen ... Das Planen des Programms kann allein, aber auch in der Familie stattfinden: Ihren Kindern beibringen, sich zu entscheiden und sich folglich bewusst zu machen, wie viel Zeit sie vor dem Fernseher verbringen, ist alles andere als eine schlechte Initiative.

Ich habe dieses Experiment am ________ gemacht.

- ○ *Ich würde es gerne wiederholen.*
- ○ *Ich möchte es nicht wiederholen.*

Entspannungsbad mit ätherischen Ölen

In einem Teelöffel Olivenöl oder neutralem Badeöl werden aufgelöst:

- 8 Tropfen äther. Öl »Bitterorange« *(Citrus aurantium ssp. amara)*
- 8 Tropfen äther. Öl »Süßorange« *(Citrus sinensis)*

9. NEHMEN SIE EIN BAD

Natürlich ist duschen morgens praktischer, schneller, gut für die Blutzirkulation ... und umweltschonender! Dennoch: Ein richtiges Bad, schön warm, ist ein Genuss, der eine unvergleichliche Entspannung verschafft und uns wirklich für den Tag stärken kann. Wenn Ihnen das unmöglich erscheint, bestimmen Sie eine Stunde wöchentlich für ein »Morgenbad« – das nicht dieselbe Wirkung hat wie ein »Abendbad«.

Meiden Sie industrielle Badezusätze und Luxusmarken, die nicht unbedingt »gesünder« sind, sondern mitunter preisliche Höhen erreichen, die ebenso übertrieben wie unnötig sind.

Schaffen Sie Ihr persönliches Zeremoniell, um langsamer zu werden und den gegenwärtigen Moment bewusst wahrzunehmen: Werfen Sie vier oder fünf große Handvoll grobes Meersalz ins Wasser; es wirkt ungemein entspannend auf die Muskulatur! Fügen Sie einige Tropfen ätherische Öle hinzu (siehe Rezept S. 47). Dämpfen Sie das Licht, machen Sie leise Musik an, wenn Sie wollen, und lassen Sie sich mindestens eine halbe Stunde lang einfach gehen.

Falls Sie es als schwierig empfinden, den Kopf zu »leeren« – selbst dann, wenn Sie sich aufmerksam umschauen –, hier ein kleiner Trick: Nehmen Sie immer drei kleine Kastanien in der Tasche mit und rollen Sie sie beim Gehen in der Hand hin und her, etwa zehn Minuten lang. Es ist erstaunlich, wie entspannend das ist – körperlich und geistig!

Ich habe dieses Experiment am ________ gemacht.

○ *Ich würde es gerne wiederholen.*

○ *Ich möchte es nicht wiederholen.*

10. GEHEN SIE EIN BISSCHEN SPAZIEREN

Sie fühlen sich bedrückt, hin- und hergerissen zwischen 1000 Ideen, über die Sie den Überblick verloren haben ... Nehmen Sie sich etwa 20 Minuten Zeit für einen schönen Spaziergang, egal wo Sie sind, und auch dann, wenn Ihnen nichts anderes übrig bleibt, als im Viertel herumzulaufen. Gehen Sie mit festem Schritt, weder zu schnell noch zu langsam. Konzentrieren Sie sich zunächst zwei bis drei Minuten auf Ihren Atem: Atmen Sie langsam und so tief wie möglich aus und ein; entspannen Sie dabei das Zwerchfell. Dieser »körperliche« Teil, insbesondere das Atmen, gibt Ihnen die Möglichkeit, manche innere Anspannung zu lösen. Blicken Sie anschließend, während Sie weiterspazieren, aufmerksam um sich und betrachten Sie die Einzelheiten Ihrer Umgebung, als entdeckten Sie das Viertel zum ersten Mal – oder machen Sie es wie bei einem Museumsbesuch ... Allmählich werden Sie spüren, wie Sie immer mehr zur Ruhe kommen.

Ich habe dieses Experiment am ________ gemacht.

○ *Ich würde es gerne wiederholen.*

○ *Ich möchte es nicht wiederholen.*

Falls Sie es als schwierig empfinden, den Kopf zu »leeren« – selbst dann, wenn Sie sich aufmerksam umschauen –, hier ein kleiner Trick: Nehmen Sie immer drei kleine Kastanien in der Tasche mit und rollen Sie sie beim Gehen in der Hand hin und her, etwa zehn Minuten lang. Es ist erstaunlich, wie entspannend das ist – körperlich und geistig!

11. GEHEN SIE NICHT EINKAUFEN

»Wie wäre es, wenn Sie einmal einfach nur mit dem zurechtkämen, was Sie schon haben?« Stellen Sie sich vor, wie Sie diese gute Nachricht Ihrer Familie überbringen ... Genau das ist heutzutage für viele Familien aus finanziellen Gründen der ganz normale Alltag. Während dieses kurzen Pausierens von der Zeit des Konsumierens können Sie Stress und Geld sparen und dabei Schränke, Kühlschrank und Tiefkühltruhe von allem leer räumen, was noch darin herumliegt. Wenn Sie Familie haben, präsentieren Sie die ganze Aktion als Spiel: Machen Sie eine Bestandsaufnahme all dessen, was übrig ist, und werden Sie kreativ, indem Sie Ideen entwickeln, wie Sie das, was Sie haben, sinnvoll nutzen können. Natürlich läuft auch diese Form des Auswählens den Regeln des Konsums zuwider, ebenso wie nicht fernzusehen. Aber wer sagt denn, dass Sie verpflichtet sind, die Regeln des Konsums zu befolgen?

Ich habe dieses Experiment am ________ gemacht.

○ *Ich würde es gerne wiederholen.*

○ *Ich möchte es nicht wiederholen.*

Wenn Sie »gar nichts« mehr haben, Ihnen aber noch Reis, eine Zwiebel, drei Möhren, Lauch und ein Stück Sellerie bleiben, versuchen Sie es doch einmal mit folgender *Genmai*-Variante, die in japanischen Tempeln nach dem morgendlichen Zazen serviert wird. Energetisch ist dieses Reisgericht ganz ausgezeichnet für die Gesundheit:

› **Den Reis waschen und eine Stunde quellen lassen.**
› **Gemüse in kleine Würfel schneiden.**
› **In einem großen Topf 1,25 Liter Wasser zum Kochen bringen. 150 Gramm Reis hineingeben (runder Vollkornreis, falls Sie welchen haben) und auf kleiner Flamme köcheln lassen, bis die Körner aufgegangen sind.**
› **Gemüse hinzugeben. Wenn das Wasser wieder kocht, die Hitze reduzieren und das Ganze eine Stunde lang garen lassen.**
› **Ruhen lassen. Sie können diesen Genmai mit Shōyu (Sojasoße) würzen.**

12. HÖREN SIE ANDEREN ZU

Nur wenige haben heutzutage die Fähigkeit, anderen wirklich zuzuhören. Könnten Sie einen ganzen Tag lang anderen zuhören, statt ihnen selbst etwas mitzuteilen? Probieren Sie es einmal aus. Seien Sie in Ihren Gesprächen präsent, aufmerksam und aufnahmebereit, vergessen Sie Ihre eigenen Sorgen, vergessen Sie sich selbst, antworten Sie nur dann, wenn Sie gefragt werden. Und was immer Sie darüber denken: Anderen zuzuhören ist auch die beste Art zu lernen, selbst zu denken ... Und rufen Sie sich hin und wieder ins Gedächtnis: »Reden ist Silber, Schweigen ist Gold.«

Ich habe dieses Experiment am ________ gemacht.

○ *Ich würde es gerne wiederholen.*

○ *Ich möchte es nicht wiederholen.*

Das Geheimnis des »aktiven Zuhörens«:

› **Wenden Sie sich körperlich der Person zu, die mit Ihnen spricht, blicken Sie sie aufmerksam an und seien Sie in Ihrer Haltung entspannt (aber nicht schlaff!).**
› **Lassen Sie sie ausreden und unterbrechen Sie sie nicht.** ***Antworten Sie nur, wenn Ihr Gegenüber Sie darum bittet.***
› **Begnügen Sie sich damit, alles, was die betreffende Person Ihnen sagt, einfach anzuhören, ohne es zu bewerten und auch nur die kleinste Äußerung zu interpretieren.**
› **Wenn die Person wirklich beträchtlichen Blödsinn von sich gibt, bemühen Sie sich um Gelassenheit: Hüten Sie sich vor unwillkürlichen Reaktionen, Gebärden und Grimassen,**

Kopfschütteln ... (stellen Sie sich vor, Sie wären ein Zen-Mönch, falls Ihnen das hilft!). Vermeiden Sie auch hämisches Grinsen ...

- **Sagen Sie gar nichts und halten Sie sich auch mit Gesten zurück, wenn Ihr Gegenüber schweigt. Dadurch geben Sie Ihrem Gesprächspartner die Möglichkeit, sich zu besinnen und seine Ausführungen fortzusetzen ...**

13. GÖNNEN SIE SICH PAUSEN

Über der Arbeit brüten, die man sich nach Hause mitgenommen hat, sich dahinterklemmen, dass Mahlzeiten gekocht, Hausaufgaben gemacht, der Haushalt und die Bügelwäsche erledigt werden, nicht zu vergessen berufliche Termine, Telefonate verzweifelter Freundinnen, Fahrdienste für die Kinder, Familienkonflikte und Mails, die sich ansammeln ... Diese Vervielfachung der Aktivitäten erfordert, dass Sie sich Pausen zugestehen. Lernen Sie, nach jeder Aktivität mindestens drei Minuten innezuhalten, um zu atmen und den Kopf zu »leeren«. Dadurch können Sie auch Ihr Verhältnis zur Zeit verändern.

Gewöhnen Sie sich folgende automatische Handlung an:

»Ich habe gerade meinen Sohn zur Schule gebracht. Jetzt gönne ich mir drei Minuten Verschnaufpause.«

»Ich habe gerade den Hörer aufgelegt. Ich gestehe mir drei Minuten zu, in denen ich mich hinsetze und an nichts denke.«

»Ich bin soeben mit dem Bügeln fertig geworden. Ich schenke mir fünf Minuten, um den Himmel zu beobachten.«

»Ich habe die Kinder ins Bett gebracht. Ich gönne mir eine Viertelstunde Nichtstun.«

Vervollständigen Sie diese Liste »guter Gründe« für eine Pause:

____

____

____

____

____

Ich habe dieses Experiment am _______ gemacht.

○ *Ich würde es gerne wiederholen.*

○ *Ich möchte es nicht wiederholen.*

14. NEHMEN SIE DEN GESCHMACK IHRES ESSENS WIRKLICH WAHR

Wussten Sie, dass die Kommunikation zwischen unserem Magen und unserem Gehirn viel langsamer ist, als man gemeinhin denkt? Es dauert 30 bis 40 Minuten, bis bestimmte Hormone, die für die Sättigung zuständig sind (wie Leptin), freigesetzt werden und eine Nachricht ans Gehirn senden, die dann das Gefühl der Sättigung auslöst. Sie sollten deswegen langsam essen, mit kleinen Happen. Betrachten Sie das, was Sie essen, aufmerksam. Kauen Sie jeden Bissen, als würden Sie das Gericht zum allerersten Mal probieren. Legen Sie das Besteck von Zeit zu Zeit ab. Stürzen Sie sich nicht mit dem Kopf voran auf den Teller, um den Inhalt Ihrer Gabel in sich hineinzuschlingen (wie Gänse Ihr Futter aus dem Trog), sondern setzen Sie sich gerade hin, mit aufrechtem Rücken, Kopf hoch, und führen Sie die Gabel ruhig zum Mund. Alles in allem: Essen Sie in Ruhe und ... ausgiebig! Eine Mahlzeit sollte mindestens eine halbe Stunde dauern. Mithilfe dieser Übung werden Sie nicht nur des gegenwärtigen Augenblicks gewahr, sondern können auch leichter die Signale der Sättigung wahrnehmen. Sie essen also weniger!

Ich habe dieses Experiment am ________ gemacht.

- ○ *Ich würde es gerne wiederholen.*
- ○ *Ich möchte es nicht wiederholen.*

»Ruhig sitzen, nichts tun ...
Der Frühling kommt, das Gras wächst von selbst.«

ZEN-SPRUCH

15. TUN SIE GAR NICHTS ...

Ist für Sie »freie Zeit« gleichbedeutend mit »toter Zeit«? Falls ja, haben Sie wahrscheinlich immer, wenn Sie nicht aktiv sind, das Gefühl, ein Stück Ihres Lebens zu verlieren. Darum ist Zeit verlieren für manche Menschen gleichbedeutend mit Leben verlieren ... Bei manchen kann »nichts tun« sogar maßlose Angst hervorrufen – umso mehr, als ein solches Verhalten nicht gern gesehen wird, weil es nicht produktiv ist. Dennoch: Wir alle brauchen hin und wieder eine Pause, ein »psychisches Brachliegen«, eine »Beurlaubung« des Geistes, in der wir aus dem rastlosen

Lebensrhythmus ausbrechen und den Sinn unseres eigenen Lebens wiederfinden können.

»Nichts tun« ist etwas anderes als »sich Zeit für sich selbst nehmen«, einer eher aktiven Haltung. Beim Nichtstun sitzt man allenfalls auf der Terrasse eines Cafés, eine Tasse Tee in der Hand, und wartet. Worauf? Auf nichts!

Zögern Sie nicht länger: Halten Sie ab und zu inne. Setzen Sie sich in eine ruhige Ecke in der Küche, auf eine Parkbank oder legen Sie sich aufs Bett und blicken Sie an die Decke. Erleben Sie den gegenwärtigen Moment und sagen Sie sich dabei: »Ich tue nichts.« Das ist Ihr gutes Recht!

Ich habe dieses Experiment am ________ gemacht.

- ○ *Ich würde es gerne wiederholen.*
- ○ *Ich möchte es nicht wiederholen.*

Falls Sie es wirklich nicht schaffen, nichts zu tun, kopieren Sie hier den erwähnten Zen-Spruch mit Buntstiften, indem Sie ihn verkehrt herum und von rechts nach links schreiben.

____

____

____

____

____

16. SCHAFFEN SIE EIN RITUAL

Ein Ritual, das ist ein kleiner zeitlicher Halt, den Sie leicht in Ihr Leben einbauen können: Jeden Morgen zehn Minuten meditieren, täglich um 16 Uhr eine Teepause machen, eine Kerze anzünden und eine stille Minute dem Weltfrieden widmen, einmal wöchentlich einen kleinen Blumenstrauß für die Engel auf eine Ecke des Kamins legen, jeden Donnerstagabend im Kreis der Familie eine Geschichte lesen, jede Familienmahlzeit mit dem »Zitat des Tages« beginnen, das rundum ausgesucht wird ... Es ist nicht so wichtig, für welches Ritual Sie sich entscheiden, vorausgesetzt, es wird nicht »mal eben auf die Schnelle« durchgeführt, so wie man sich hastig auf ein Medikament stürzt, das man beinahe vergessen hätte. Um seine Funktion zu erfüllen, muss ein Ritual im vollen Bewusstsein des »Hier und Jetzt« stattfinden.

Mein Ritual:

____

____

____

____

Ich habe dieses Experiment am ________ gemacht.

○ *Ich würde es gerne wiederholen.*

○ *Ich möchte es nicht wiederholen.*

Rituale gibt es schon seit Menschengedenken. Ob weltlich oder religiös, magisch oder mystisch, kollektiv oder persönlich: Sie dienten immer schon dazu, die Zeit durch einen gegenwärtigen heiligen Moment zu akzentuieren. Studien der transpersonalen Psychologie ergaben, dass Rituale eine wichtige Rolle für unser seelisches Gleichgewicht spielen: Durch sie können wir uns gleichzeitig wieder mit uns selbst und dem Ablauf der Zeit in unserem Inneren verbinden und die innere Kraft kanalisieren, die unsere Handlungen effizienter macht.

17. DURCHBRECHEN SIE DIE ROUTINE

Es gibt nichts Schlimmeres, als unser Leben von Routine bestimmen zu lassen. Gewohnheiten haben in der Tat die merkwürdige Eigenschaft, das Bewusstsein des gegenwärtigen Moments verschwinden zu lassen, den Geist sich in Luft auflösen zu lassen, uns in einem Hamsterrad mitzureißen, das sich immer schneller dreht, und folglich zu bewirken, dass wir den Kontakt zu uns selbst verlieren.

Notieren Sie fünf tägliche und wöchentliche Aktivitäten, die für Sie zur »Routine« gehören. Es können alle möglichen Aufgaben sein (aber bloß nicht die Momente, die Sie ausgesucht haben, um sich auf sich selbst zu besinnen!):

1. ____________________
2. ____________________
3. ____________________

4. ______________________________

5. ______________________________

Ersetzen Sie eine Routine-Aktivität durch eine »konzentrierte und bewusste« Aktivität:

Ich ersetze Routine 1 durch ______________________

Ich ersetze Routine 2 durch ______________________

Ich ersetze Routine 3 durch ______________________

Ich ersetze Routine 4 durch ______________________

Ich ersetze Routine 5 durch ______________________

Ich habe dieses Experiment am ________ gemacht.

○ *Ich würde es gerne wiederholen.*

○ *Ich möchte es nicht wiederholen.*

18. ATMEN SIE

Wann haben Sie das letzte Mal innegehalten und sich gesagt:

»Jetzt atme ich«?

Es war vor ______________________________

Stellen Sie den Personen in Ihrem Umfeld dieselbe Frage. Sie könnten eine Überraschung erleben!

In einer Welt, die so schnelllebig ist, dass man »keine Zeit mehr zum Durchatmen« hat, vergisst man leicht, dass der Atem die Grundlage des Lebens ist. Warten Sie mit der folgenden kleinen Übung also nicht, bis Sie ersticken. Sie ermöglicht es, Körper und Geist wieder zu verbinden, zum gegenwärtigen Augenblick zurückzukehren, Energie und Zeit in sich zirkulieren zu lassen:

› **Stellen Sie sich hin, die Beine etwas auseinander und gut im Boden verankert. Lassen Sie die Arme seitlich am Körper herabhängen.**
› **Beugen Sie leicht die Knie. Der Rücken bleibt dabei aufrecht und der Kopf gerade und gut ausbalanciert. Finden Sie die Haltung, die Ihnen am angenehmsten ist.**
› **Atmen Sie so langsam und tief wie möglich acht Sekunden lang durch die Nase ein und anschließend acht Sekunden lang langsam durch den Mund wieder aus. Halten Sie vier Sekunden lang den Atem an.**
› **Heben Sie beim folgenden Einatmen die Hände leicht an und entfernen Sie sie etwas vom Körper, ohne dabei etwas zu erzwingen. Stellen Sie sich vor, die Hände würden »auf der Luft liegen«. Halten Sie die Hände während des Ausatmens in derselben Position.**
› **Wiederholen Sie dies noch 6-mal (insgesamt sollten Sie 8-mal atmen) und bleiben Sie dabei so locker wie möglich.**

Ich habe dieses Experiment am ________ gemacht.

○ *Ich würde es gerne wiederholen.*

○ *Ich möchte es nicht wiederholen.*

19. BITTEN SIE UM HILFE

»Zu viel zu tun? Delegieren Sie!« Alle Lehrbücher zum Zeitmanagement erklären es uns: Indem man sich von einigen Aufgaben befreit, kann man insgesamt effizienter sein, Stress reduzieren,

Zeit gewinnen. Natürlich muss man so eine Entlastung akzeptieren – was nicht für jeden eine Selbstverständlichkeit ist. Denn hier geht es um wesentlich mehr als ums Delegieren, nämlich darum, um Hilfe zu bitten! Das stellt für manch einen unter Umständen eine besonders heikle Herausforderung dar, denn um Freunde, Familienmitglieder oder Nachbarn um eine Hilfeleistung zu bitten oder darum, dass sie eine Arbeit für einen übernehmen, muss man mitunter seinen Stolz hinunterschlucken und Bescheidenheit walten lassen. Sagen Sie sich, dass niemand verpflichtet ist, etwas zu tun, was er oder sie nicht leisten kann! Wenn Sie zum Beispiel nicht wissen, wie man ein elektrisches Gerät anschließt, und nicht die Möglichkeit haben, einen Elektriker zu rufen, dann suchen Sie sich lieber jemanden aus Ihrem persönlichen Umfeld, der Ihnen gerne diesen Gefallen erweist (außer, Sie wollen sich wirklich an elektrische Installationen heranwagen). Hilfe zu erbitten bringt auch einen Vorteil mit sich: Sie schaffen eine Verbindung ...

Erstellen Sie eine Liste aller Dinge, die Sie tun sollten, für die Ihnen jedoch die Fachkenntnis, die Zeit oder der Mut fehlen:

Ich habe dieses Experiment am ________ gemacht.

○ *Ich würde es gerne wiederholen.*

○ *Ich möchte es nicht wiederholen.*

20. GÖNNEN SIE SICH EINE MASSAGE

Gleichzeitig Kunst, gesunde Lebensweise und Therapie, die seit Anbeginn der Zeiten in 1000 verschiedenen Formen über alle Zivilisationen hinweg bis heute praktiziert wird (außer in der christlichen) – die Tugenden der Massage können gar nicht genug betont werden: Massage bringt Erleichterung bei Rückenbeschwerden und bestimmten Schmerzen, verbessert die Durchblutung und den Lymphfluss, macht die Muskeln geschmeidiger, versorgt Zellen und Haut mit Sauerstoff, eliminiert Giftstoffe, steigert die Energie, kann gegen Schlaflosigkeit wirken ... Und als Antistressmethode, die ihre Wirksamkeit nicht mehr unter Beweis stellen muss, steigert die Massage auch das Bewusstsein für den Körper, weckt Gefühle, schärft die Wahrnehmung und ermöglicht es, präsenter für uns selbst zu sein ...

Gönnen Sie sich diese zeitliche Pause – ein echtes Geschenk, denn eine einstündige Sitzung ist meistens recht kostspielig – und überantworten Sie sich den Händen eines Masseurs, der sich Zeit nimmt, sich um Sie zu kümmern ...

Ich habe dieses Experiment am ________ gemacht.

○ *Ich würde es gerne wiederholen.*

○ *Ich möchte es nicht wiederholen.*

Bis dahin ...

- **massieren Sie langsam mit allen zehn Fingerspitzen Ihre Kopfhaut. Beginnen Sie über der Stirn und wandern Sie bis zum Nacken. Atmen Sie tief, während Sie sich massieren.**
- **Legen Sie dann an beiden Händen Daumen und Zeigefinger aneinander. Drücken Sie 5- oder 6-mal symmetrisch, während Sie die Hände vom Kinn zu den Ohren bewegen.**
- **Wiederholen Sie diese Bewegung in der Mitte der Wangen, dann im Bereich der unteren Augenhöhlen.**
- **Machen Sie mehrere Durchgänge und beenden Sie die Massage mit einem leichten Druck auf die Schläfen.**

21. SCHAFFEN SIE SICH IHREN HEILIGEN RAUM

Mehr Menschen, als man denkt, haben verstanden, wie wichtig es ist, sich zu Hause einen kleinen heiligen Raum zu schaffen, wo sie sich wieder mit sich selbst und anderen verbunden fühlen können, während sie einige Minuten bewusst den gegenwärtigen Moment erleben. Die meisten haben sich einen kleinen »persönlichen Altar« eingerichtet – in ihrem Zimmer, auf dem Kaminsims, in einem Badezimmerschrank, neben einem Baum im Garten, in einem Pappkarton, auf einem Couchtisch ... –, um sich mit einem tiefen Teil ihrer selbst zu verbinden. Das Kreieren eines Raumes zur Besinnung ermöglicht es nämlich, das Denken und die Aufmerksamkeit sehr schnell zu fokussieren, ins »Hier und Jetzt« einzutreten. Sie brauchen sich aber nicht für eine bestimmte spirituelle Vorgehensweise zu verpflichten, um Ihre eigene zu kreieren: Sie können auch einen »weltlichen« heiligen Raum erfinden, eine kleine Ecke mit Erinnerungen, Familienfotos, kleinen Gegenständen, die Sie auf Reisen gesammelt haben ... Einzige Bedingung: Dieser Raum muss begrenzt sein und niemand außer Ihnen darf daran etwas verändern.

Ich habe dieses Experiment am ________ gemacht.

- ○ *Ich würde es gerne wiederholen.*
- ○ *Ich möchte es nicht wiederholen.*

22. SCHALTEN SIE IHR HANDY AUS

Haben Sie jemals ausprobiert, Ihr Handy einen ganzen Tag lang ausgeschaltet zu lassen? Wahrscheinlich haben Sie schon einmal den Zustand der Panik erlebt, der auf Verlust, Diebstahl oder einen Defekt Ihres Telefons folgt. Wie viele andere können Sie sich nicht vorstellen, ohne Handy zu leben ...

Beginnen Sie, indem Sie morgens Ihr Handy erst nach dem Frühstück einschalten, oder dann, wenn Sie zur Arbeit aufbrechen. Wählen Sie anschließend günstige Momente aus, in denen es leichter ist, Ihr Telefon auszuschalten: bei einer wichtigen Arbeit, wenn Sie sich konzentrieren müssen, in einem Moment, wenn Sie wirklich Ruhe brauchen.

Und nun das Ängstliche-Mütter-Spezial: Wenn Sie auch zur Kategorie der hyperbesorgten Mütter gehören, die ihr Kind alle zehn Minuten anrufen, um zu erfahren, ob er oder sie wohlbehalten aus der Schule gekommen ist, erfolgreich den Bus genommen hat, wohlbehalten bei der Klavierstunde, beim Gesangsunterricht oder in der Tanzstunde angelangt ist, von dort gut weggekommen ist, ob alles gut abgelaufen ist, ob sie oder er vereinbarungsgemäß pünktlich nach Hause kommen wird, sicher die Straße überquert hat, ob der Zug schon losgefahren ist, ob alles in Ordnung ist ..., dann schließen Sie ein Abkommen mit Ihrem Kind: Legen Sie gemeinsam die genauen Zeitpunkte fest, an denen Sie selbst anrufen, und die Zeiten, wann Ihr Kind Sie anrufen soll.

Ich habe dieses Experiment am ________ gemacht.

○ *Ich würde es gerne wiederholen.*

○ *Ich möchte es nicht wiederholen.*

23. ZIEHEN SIE SICH ZURÜCK – SCHLIESSEN SIE SICH EIN

Sich den ganzen Tag lang ins »stille Kämmerlein« zurückziehen, ohne irgendjemanden zu sehen: Unrealisierbar? – Nein. Man muss es nur wollen. Für Alleinstehende ist die Durchführung ziemlich einfach: Es genügt, einen Tag zu Hause einzuplanen, ohne Besucher, Verabredungen, Telefon; oder auch einen Tag, an dem man allein durch den Wald geht. Wenn Sie in einer Beziehung leben oder Familie haben, ist das Unterfangen schon komplizierter, und der Schwierigkeitsgrad hängt davon ab, wie gut die Kommunikation zwischen Ihnen und Ihren Angehörigen ist, also davon, ob diese Ihr Bedürfnis, sich zu isolieren, verstehen und akzeptieren.

Nehmen Sie einen Tag für sich, für Ihre Selbstfindung – aber nicht dafür, einen Berg liegen gebliebener Arbeit abzutragen! Lassen Sie es sich gut gehen, ohne irgendetwas im Voraus zu planen: Baden Sie endlos, essen Sie nur das, was Sie mögen, sehen Sie Ihren Lieblingsfilm, denken Sie an die schönen Momente in Ihrem Leben. Lassen Sie den Geist schweifen und übertreiben Sie es nicht – tun Sie nicht zu viel! Nutzen Sie die Gelegenheit, um das Nichtstun zu genießen.

Ich habe dieses Experiment am ________ gemacht.

- ○ *Ich würde es gerne wiederholen.*
- ○ *Ich möchte es nicht wiederholen.*

24. HALTEN SIE MITTAGSSCHLAF

In einer Gesellschaft, die »Nutzen« und »Rentabilität« in den Vordergrund stellt, gewinnt der Mittagsschlaf allmählich seine Existenzberechtigung zurück. Denn an »Nutzen« mangelt es ihm nicht: Verbesserung der Gedächtnisleistung, bessere Konzentration, Stressminderung, Wiederherstellung der Balance des Nervensystems, gesteigerte Kreativität, neue Energie und Tatkraft, weniger Arbeitsunfälle ... und folglich: mehr Leistung! Natürlich ist der Mittagsschlaf in Unternehmen noch nicht verpflichtend – was in Anbetracht seiner positiven Wirkung sehr schade ist. Falls Sie es noch nie gewagt haben, es einmal mit einem schönen, erholsamen Mittagsschlaf zu versuchen, weil sie befürchtet haben, sich lächerlich zu machen oder Zeit zu verlieren, dann sollten Sie wissen: Der Wunsch, nach dem Essen zu schlafen, hängt nicht nur mit der Verdauung zusammen. Vor Kurzem hat man entdeckt, dass es sich um einen biologischen Rhythmus handelt; mit anderen Worten: Mittagsschlaf ist genetisch bedingt! Im Allgemeinen heißt es, ein guter Mittagsschlaf solle 20 Minuten dauern, nicht länger. Es liegt jedoch letztendlich bei Ihnen: Wenn Ihnen 10 Minuten liegen, reicht das. Wenn Sie genügend Zeit haben, um 30 Minuten oder länger zu schlafen und sich damit wohlfühlen, dann ist es eben das, was Sie brauchen.

Ich habe dieses Experiment am ________ gemacht.

- ○ *Ich würde es gerne wiederholen.*
- ○ *Ich möchte es nicht wiederholen.*

»Wer einen Garten pflanzt, pflanzt Glück.«

Chinesisches Sprichwort

25. PFLANZEN SIE EINEN GARTEN

Gärtner gehören zu den heitersten, zufriedensten Menschen auf Erden ... Warum? Weil sie nicht nur für sich selbst gärtnern, sondern für den Garten. Genau hier liegt einer der Schlüssel des Buddhismus: im Sich-selbst-Vergessen, im Zurücktreten des Ego mittels einfacher Verrichtungen und Gesten des Alltags. Gärtnern, diese unmittelbare Verbindung zwischen Mensch und Natur, lässt uns nicht nur innerlich zur Ruhe kommen, sondern wir können dadurch vor allem mit dem kraftvollen Fluss des Lebens in Kontakt treten. Man würde meinen, dass eine solche körperliche Aktivität im Widerspruch zur inneren Ruhe steht. Weit gefehlt: Dadurch, dass man im »Hier und Jetzt« einer Handlung[3] ist, wird es möglich, vollkommen im gegenwärtigen Augenblick aufzugehen. Vergangenheit und Zukunft verblassen und weichen einer »unbeweglichen Zeit«, einem Zustand, in dem die Zeit zum

3 Das heißt, während wir jede unserer Bewegungen achtsam wahrnehmen, lassen wir uns vom Fluss des Lebens leiten.

Erliegen kommt. Im Zen wird dies *Hishiryō*-Bewusstsein genannt: ein offenes, weites Bewusstsein, in dem unser Leben und unser Geist zu ihrer wahren Dimension gelangen.

Falls Sie keinen Garten haben, nutzen Sie einfach das, was Ihnen zur Verfügung steht: Ein einfacher Blumenkasten kann ein ganzes Universum in sich tragen ...

Ich habe dieses Experiment am ________ gemacht.

- ◯ *Ich würde es gerne wiederholen.*
- ◯ *Ich möchte es nicht wiederholen.*

Entschleunigungsbilanz

Ziehen Sie Bilanz im Hinblick auf Ihr Ziel »Entschleunigung«: Die folgenden Aussagen entsprechen den 25 kleinen Schritten zum Erlernen der Entschleunigung und den drei Ratschlägen in Kapitel »Den Stier bei den Hörnern packen« (s. S. 23). Kreisen Sie die Punktezahl jeder Aussage ein, die heute auf Sie zutrifft:

		Punkte
1.	Ich verlangsame hin und wieder meine Gesten.	2
2.	Ich bleibe jeden Morgen drei Minuten im Bett liegen.	4
3.	Ich breche immer zehn Minuten zu früh auf.	5
4.	Ich schaffe es, immer nur eine Sache auf einmal zu machen.	4
5.	Ich kann auf meine »innere Uhr« hören.	2
6.	Ich trage keine Uhr mehr.	3
7.	Ich schalte seltener den Fernseher ein.	5

8.	Ich plane meine Fernsehzeiten im Voraus.	4
9.	Ich nehme Entspannungsbäder.	2
10.	Ich gehe zwischendurch spazieren.	2
11.	Ich gehe seltener einkaufen.	5
12.	Ich höre anderen häufiger zu.	2
13.	Ich gestehe mir häufiger eine Pause zu.	5
14.	Ich nehme den Geschmack des Essens wirklich wahr.	4
15.	Ich kann auch einmal nichts tun.	5
16.	Ich habe mir ein Ritual zugelegt.	3
17.	Ich habe weniger routinemäßige Gewohnheiten.	4
18.	Ich nehme mir die Zeit zu atmen.	4
19.	Ich bin in der Lage, Hilfe zu erbitten.	3
20.	Ich gönne mir Massagen.	3
21.	Ich habe mir einen heiligen Raum geschaffen.	2
22.	Ich kann mein Handy ausschalten.	4
23.	Ich kann mich zurückziehen, um wieder zu mir selbst zu finden.	4
24.	Ich halte Mittagsschlaf.	3
25.	Ich habe einen Garten bepflanzt.	4

BONUSPUNKTE

26.	Ich habe keine Schuldgefühle, wenn ich mir Zeit lasse.	4
27.	Ich habe überflüssige Aktivitäten weggelassen.	3
28.	Ich praktiziere Kaizen.	4

Zählen Sie Ihre Punkte zusammen und schreiben Sie die Summe hierhin:
»Ich habe meine Ziele zur Verlangsamung zu ____% erreicht.«

Einige zusätzliche Ratschläge auf dem Weg:

- **Rufen Sie Ihre E-Mails nur zweimal am Tag zu festgesetzten Zeiten ab.**
- **Sagen Sie von jetzt an nie wieder zu irgendjemandem: »Beeil dich!«**
- **Nehmen Sie für Entfernungen unter 500 Metern nicht das Auto.**
- **Essen Sie niemals ein Sandwich vor dem PC.**
- **Nehmen Sie Ihr Mittagessen nie am Schreibtisch ein; auch nicht an einem Tisch daneben.**
- **Überlassen Sie Ihren Urlaub nicht Ihrem Arbeitgeber.**
- **Wechseln Sie so oft wie möglich Ihre Aktivitäten.**
- **Lesen Sie einmal pro Woche Geschichten in der Familie.**
- **Kochen Sie ...**

Zum Nachdenken ...

Stellen Sie sich vor, Sie würden Ihr ganzes Leben in einem einzigen Zimmer eingesperrt verbringen. Anfangs ist es groß, geräumig, luftig, mit allem Notwendigen ausgestattet, um komfortabel zu wohnen. Doch im Lauf der Zeit ändert Ihr Lebenszimmer seine Größe, es zieht sich zusammen ... Anfangs merken Sie es gar nicht und leben einfach weiter wie vorher, stellen weitere Möbel hinein, neue Bücher ins Regal, legen neue Kleidung in die Schränke. Und eines Tages merken Sie, dass Ihr Zimmer immer vollgestopfter wird. Dann erkennen Sie, dass Sie nicht nur deswegen weniger Platz haben, weil Sie immer mehr neue Gegenstände hinzufügen, sondern weil Ihr Raum sich tatsächlich zusammenzieht, als würde er von einer unbekannten Kraft zusammengedrückt. – So könnten Sie sich die »zeitliche Komprimierung« bildlich vorstellen, wie sie vom amerikanischen Autor, Philosophen und Forscher Terence McKenna (1946–2000) in den 70er-Jahren in seiner »Novelty Theory« dargelegt wird. Er arbeitete über die mathematische Struktur im Yi Jing (auch I Ging), dem chinesischen »Buch der Wandlungen«, und gelangte zu dem Ergebnis, dass die Zeit nicht linear verläuft: Sie ist eine Welle (timewave), genauer gesagt, eine Fraktalwelle an Informationen, in der alles Neue in Erscheinung tritt – Ereignisse, Erfindungen ... – und zwar im Verlauf der gesamten Menschheitsgeschichte. Je mehr Zeit jedoch verstreicht, desto mehr scheint sich diese Welle zu verdichten, wird komprimiert, während sie immer mehr »Neues« hervortreten lässt. McKenna zufolge hat die letzte Phase dieser Welle am 6. August 1945 (Bombardierung von Hiroshima) begonnen und beschleunigt sich nur noch – daher der Eindruck, dass die Zeit immer schneller vergeht. Diese Welle kommt in dem Moment zum Halt, wenn so viele neue Ereignisse sich gleichzeitig manifestieren, dass es zu einer großen globalen Veränderung kommt. Diesen Moment hat er den »Nullpunkt« genannt. Diese sehr umstrittene Theorie erinnert an den »Omegapunkt« von Pierre Teilhard de Chardin oder den »Punkt der Singularität« des Informatikers Raymond Kurzweil. Es liegt bei Ihnen, zu entscheiden, ob diese Erklärung Sie anspricht und ob Sie gerne mehr darüber erfahren möchten.

Literaturverzeichnis

Beck, Charlotte Joko: *Zen im Alltag*, München: Goldmann 2011.

Honoré, Jean-Carl: *Slow Life. Warum wir mit Gelassenheit schneller ans Ziel kommen*, München: Goldmann 2007.

Long, Aljoscha A.; Schweppe, Ronald P.: *Die 7 Geheimnisse der Schildkröte. Den Alltag entschleunigen, das Leben entdecken*, München: Heyne 2010.

Petrini, Carlo: *Slow Food. Genießen mit Verstand*, Zürich: Rotpunktverlag 2003.

Christel Petitcollin

TEIL 2

Besser leben ohne Stress

Jeder spricht heute vom »stressigen Leben«, als handle es sich dabei um ein unabwendbares Schicksal. Anstatt uns zusätzlich damit zu belasten, Möglichkeiten zu finden, um die aktuelle Stressdosis besser bewältigen zu können, ist es besser, Strategien kennenzulernen, die helfen, Überbelastung gar nicht erst aufkommen zu lassen.

Vorwort

Wer von uns träumt nicht von einer perfekten Alltagsorganisation, die nie durcheinandergerät? Wie schön wäre das Leben, wenn immer alles reibungslos, glatt und planmäßig verliefe! Jedes Ding, so stellen wir uns gerne vor, wäre dann an seinem Platz, jedes Schriftstück würde sofort nach Eintreffen sortiert, klassifiziert und eingeordnet; das Haus wäre sauber und ordentlich, die Wäsche akkurat gestapelt, die Kinderzimmer aufgeräumt. Mitunter überfällt uns die Ordnungswut und wir sortieren, misten aus, räumen und putzen, was das Zeug hält. Dann schwören wir uns: Ab morgen werden wir in allen Bereichen – Gesundheit und Ernährung, Haushalt, Sport, Papierkram, Hausaufgaben der Kinder, Arzttermine und sogar Hobbys – eiserne Disziplin walten lassen! Lesen und Kultur, Ausgehen, Einladungen, alles wird dann in unserem Alltag seinen angestammten Platz erhalten!

Nur leider hat die Sache meist einen Haken: Unsere Versuche, Ordnung zu schaffen, gut organisiert und diszipliniert zu sein, sind in der Regel nicht von Dauer. Das wiederum untergräbt unsere Selbstachtung, entmutigt uns und verschlimmert die Situation noch: Wir geraten in Stress, verzetteln uns und haben Schuldgefühle. Stress gilt heutzutage häufig als Ursache all unseres Ungemachs. Jeder spricht vom »stressigen Leben«, als handle es sich dabei um ein unabwendbares Schicksal, als sei es unmöglich, die Dinge zum Besseren zu wenden.

Tatsächlich erwarten viele Menschen von einer Stressberatung eher Informationen zu Methoden, wie sie ihre aktuelle

Stressdosis besser bewältigen können (Atem- und Entspannungstechniken oder schlimmstenfalls Medikamente). Sinnvoller aber wären Strategien, die ihnen helfen, Überbelastung gar nicht erst aufkommen zu lassen. Früher gab es einzelne »hektische Momente« bei der Arbeit. Heute unterliegen wir dem permanenten Diktat der Rentabilität und der bedarfsgerechten Produktion, sodass wir am Arbeitsplatz einen »hektischen Moment« nach dem anderen erleben. Hinzu kommt, dass Frauen früher in der Regel nicht berufstätig waren und keine Doppelbelastung hatten.

Dennoch ist es ein durchaus realisierbares Ziel, ein gelassenes Leben zu führen und die anstehenden Aufgaben ruhig, besonnen und pünktlich zu erledigen. Wie das genau geht, möchte ich Ihnen gerne zeigen.

Dieser kleine Selbstcoach will Sie lehren, mit Stress umzugehen und sich selbst optimal zu organisieren, damit Sie Ihre täglichen Aufgaben ganz entspannt bewältigen können und es nie wieder dazu kommen lassen, dass Ihnen die Dinge über den Kopf wachsen.

Lektion 1: Ist Stress Schicksal?

Nicht, wenn Sie ihn zu Ihrem Verbündeten machen. Aber machen wir uns zunächst einmal klar, was unter dem Begriff Stress zu verstehen ist.

Wenn wir von »Stress« sprechen, verwechseln wir oft Stress, Angst und Überlastung, dabei sind das drei ganz verschiedene Dinge.

- **Überlastung: eine zu hohe Arbeitsbelastung;**
- **Angst: ein Zuviel an verleugneten, verdrängten Gefühlen;**
- **Sress: die Ausschüttung der Hormone Adrenalin und Cortisol als Reaktion auf (Zeit-)Druck oder Hektik.**

STRESS IST EIN GESUNDES, NATÜRLICHES PHÄNOMEN. GUT KANALISIERT, WIRD ER ZU EINEM STARKEN, POSITIVEN ANTRIEB, DEN SIE NUTZEN KÖNNEN, UM IHR LEBEN ZU STEUERN. LERNEN SIE DAHER, POSITIVEN STRESS VON NEGATIVEM ZU UNTERSCHEIDEN!

Lektion 2: Die beiden Stress-Arten

1. Positiver Stress: ein abgeschlossener Zyklus

Stress tritt immer dann auf, wenn wir mit einer besonderen, außerordentlichen Situation konfrontiert sind, die unsere ganze Aufmerksamkeit erfordert.

=> Außergewöhnliche Situation

=> Ausschüttung der Stresshormone Adrenalin und Cortisol
Die Hormonausschüttung bewirkt, dass unser Organismus schlagartig sämtliche Ressourcen verfügbar macht: Die Sinneswahrnehmung schärft sich, wir reagieren schneller, und die Muskelkraft nimmt zu, kurzum: Der Stress macht uns wach und versetzt uns in Alarmbereitschaft.

=> »Fight or Flight«
Wie auch immer die außergewöhnliche Situation beschaffen ist, der wir uns stellen müssen, unsere Reaktion ähnelt entweder einer Flucht oder einem Kampf.

=> Erfolg und Freude
Ist die Herausforderung bewältigt (das heißt, sind wir entweder weit genug geflohen oder aus einem Kampf siegreich hervorgegangen), empfinden wir Befriedigung und ein Hochgefühl. Wieder und wieder läuft der Film der bestandenen

Herausforderung vor unserem geistigen Auge ab und wir durchleben die Szenen noch einmal voller Euphorie. Immer noch vollgepumpt mit Stresshormonen, sind wir aufgekratzt und können nicht schlafen.

=> Müdigkeit, das Bedürfnis nach Erholung

Nach und nach sinkt der Stresspegel wieder und eine gesunde Müdigkeit erfasst uns. Wir haben nun das Bedürfnis, uns auszuruhen, zu schlafen.

=> Ruhe und tiefer Schlaf

Nachdem die Müdigkeit ihr Werk vollbracht hat, schlafen wir ruhig und tanken währenddessen die verbrauchte Energie wieder vollständig auf. Am nächsten Tag sind wir frisch, einsatzfähig und bereit für neue Herausforderungen.

Wenn der Zyklus abgeschlossen ist, haben wir einen Prozess des positiven Stresses durchlaufen – und ein so angenehmes Gefühl, dass es regelrecht zur Droge werden kann. Wir haben den Eindruck, ein reiches, aufregendes Leben zu führen. Dieses Hochgefühl ist es, das zum Beispiel Nachrichtensprecher oft süchtig nach dem Stress einer Livesendung werden lässt. Und es bedeutet: Sie können auch als Mutter einer vielköpfigen Familie oder als stark beschäftigte Geschäftsfrau einer Flut von Aktivitäten und zu lösenden Problemen ausgesetzt sein, ohne sich im landläufigen Sinne »gestresst« zu fühlen.

UM POSITIVEN STRESS ZU AKTIVIEREN, SOLLTEN SIE SICH KLEINE, SPIELERISCHE UND LEICHT ERREICHBARE HERAUSFORDERUNGEN SCHAFFEN.

2. Negativer Stress

Stress wird unter folgenden Bedingungen negativ:

=> Die Situation ist mit psychischem Druck verbunden
Von Ihrer Leistung an diesem Tag hängt Ihre Beförderung ab; Ihr Gespräch mit dem Bankangestellten ist entscheidend für einen wichtigen Kredit, den Sie benötigen; wenn Sie keinen hervorragenden Notendurchschnitt haben, werden Sie nicht an einer bestimmten Universität angenommen; Sie verhandeln über das Leben einer Geisel ... In solchen Fällen ist die Ausschüttung von Adrenalin und Cortisol stark erhöht und übersteigt Ihren Bedarf. Die Synchronisierung zwischen Ihren Bedürfnissen und den von Ihrem Organismus zur Verfügung gestellten Ressourcen gerät durcheinander, und Sie fühlen sich immer schlechter.

=> Sie reagieren unangemessen auf die Situation
Wird der Stress zu groß, haben Sie »Blackouts«, Gedächtnislücken, Sie machen unpassende Äußerungen oder tun etwas Ungeschicktes ... Auch wenn Sie schlecht vorbereitet sind, besteht die Gefahr, dass Sie sich nicht angemessen verhalten. Und schließlich sind wir bisweilen mit absurden, nicht kontrollierbaren Situationen konfrontiert, in denen es schlicht und einfach unmöglich ist, adäquat zu reagieren.

=> Die Handlung wird durch erlernte Hilflosigkeit verhindert
Wenn all Ihre Versuche zu handeln Ihnen weder ermöglichen zu fliehen noch effizient zu kämpfen, macht Sie das mutlos und passiv, eine Gemütslage, die als »erlernte Hilflosigkeit«

bezeichnet wird. Und dann wird es gefährlich: Wenn man durch Sich-tot-Stellen der Bedrohung nicht entkommt.
Ohne das Gefühl, dass wir erfolgreich waren, ist uns der Übergang in die Erholungsphase verwehrt.

Ohne Erholungsphase stagniert der Stress im Organismus und zermürbt ihn. Müdigkeit staut sich an. Wir entwickeln die typischen Symptome negativen Stresses: Nervosität, Migräne, Schlaflosigkeit, Verdauungsprobleme, Konzentrationsschwierigkeiten, Reizbarkeit, Unruhe, Herzklopfen, Rückenschmerzen, Gedächtnisprobleme.

TEST : STEHEN SIE UNTER STRESS?*

Geben Sie bei jeder Aussage eine Punktzahl zwischen 1 (fast immer) und 5 (fast nie) an und zählen Sie am Ende alle Punkte zusammen.

___/ 1. Ich nehme mindestens einmal täglich eine warme, ausgewogene Mahlzeit ein.
___/ 2. Ich schlafe mindestens zweimal in der Woche sieben bis acht Stunden.
___/ 3. Ich gebe und erhalte regelmäßig Zuwendung.
___/ 4. Ich habe im Umkreis von 30 Kilometern eine mir nahestehende Person, an die ich mich wenden kann, wenn es nötig ist.
___/ 5. Ich verschaffe mir mindestens zweimal pro Woche Bewegung (genug, um ins Schwitzen zu kommen).
___/ 6. Ich rauche täglich weniger als eine halbe Schachtel Zigaretten.

___/ 7. Ich trinke weniger als fünf Gläser Alkohol pro Woche.
___/ 8. Ich habe das Gewicht, das meiner Körpergröße entspricht.
___/ 9. Meine Einkünfte reichen aus, um meine Grundausgaben abzudecken.
___/ 10. Meine religiösen, spirituellen oder ethischen Überzeugungen sind mir eine wertvolle Stütze.
___/ 11. Ich nehme regelmäßig an Aktivitäten eines Vereins oder einer Gruppe teil.
___/ 12. Ich habe ein gutes Netzwerk an Freunden und Beziehungen.
___/ 13. Ich habe eine(n) oder zwei Freunde/Freundinnen, denen ich mich anvertrauen kann.
___/ 14. Ich bin gesund.
___/ 15. Ich bin in der Lage, Zorn oder Besorgnis offen zu äußern.
___/ 16. Ich spreche regelmäßig mit Menschen meines Umfelds über persönliche Probleme, Geldfragen usw.
___/ 17. Mindestens einmal in der Woche tue ich etwas nur zu meinem Vergnügen.
___/ 18. Ich bin fähig, meine Zeit effizient zu organisieren.
___/ 19. Ich trinke weniger als drei Tassen/Gläser Kaffee, Tee oder Cola täglich.
___/ 20. Ich gönne mir täglich einen Moment, um zur Ruhe zu kommen.

Weniger als 50 Punkte: Sie sind frei von Stress.
70 bis 95 Punkte: Sie sind durchaus stressanfällig.
Über 95 Punkte: Sie sind äußerst stressgefährdet.

* Dieser Test wurde von Lyle H. Miller und Alma Dell Smith, Universität Boston, entwickelt.

Je gestresster wir sind, umso weniger achten wir auf uns. Stress führt dazu, dass die Kommunikation mit uns selbst abbricht. Ein Mensch, der unter Stress steht, ist nicht mehr in der Lage, die Zeichen zu verstehen, die der Organismus ihm sendet. Mit Ausnahme der wirklich großen Stressmomente des Lebens – Tod einer nahestehenden Person, Scheidung, Entlassung, Geldsorgen – gibt es jedoch keinen Anlass, sich von einer wie auch immer gearteten Überdosis Stress belasten zu lassen. Wenn Sie sich also nicht mehr von negativem Stress vergiften lassen wollen, sollten Sie gezielt auf die Elemente einwirken, die ihn so schädlich machen.

› **Die Situation ist mit psychischem Druck verbunden**

Nehmen Sie unnötigen Druck weg. Lernen Sie, die auftretenden Schwierigkeiten zu relativieren und zu entdramatisieren, lassen Sie bewusst »die Luft heraus«. Erkunden Sie Ihre Ängste und ergreifen Sie entsprechende Maßnahmen, um sich zu schützen.

Das Allerschlimmste, was mir passieren kann, ist (und so würde ich mich angesichts dessen fühlen):

____

____

Ich kann mich jedoch schützen, indem:

____

____

Vergleichen Sie in Ihrer Vorstellung, wie viel Energie Sie jeweils brauchen, um in Ihrer Wohnung aufrecht zu stehen oder sich am Rand einer Klippe aufrecht zu halten. Im ersten Fall ist die Anspannung gleich null: Die Schwerkraft und die Erdanziehung reichen aus. Im zweiten Fall sorgt Ihre Angst dafür, dass Sie sich verkrampfen, Sie werden von der Leere angezogen, sind in Alarmbereitschaft und müssen all Ihre Muskeln einsetzen, um zu widerstehen. Genauso verhält es sich auch psychisch: Manchmal stellen wir uns selbst an den Rand einer Klippe, indem wir den Ereignissen zu viel Bedeutung beimessen. Um zu vermeiden, dass Sie in ein solches Horrorszenario geraten, sollten Sie stets eine Ersatzlösung parat haben.

Ist die Sache wirklich so wichtig?

____

____

Wie kann ich sie relativieren?

____

____

Welchen Plan B habe ich?

____

____

LERNEN, DIE DINGE NICHT ZU WICHTIG ZU NEHMEN UND DEN LEBENSUMSTÄNDEN DIE JEWEILS RICHTIGE BEDEUTUNG ZUZUMESSEN – DAS IST EINE ARBEIT, DIE IN JEDEM MOMENT GELEISTET WERDEN MUSS.

Die einzigen guten Herausforderungen sind solche, denen Sie sich bewusst stellen wollen, frei von jeglicher Beeinflussung und mit realistischem Blick (siehe »Die fünf Schlüssel zum Verwirklichen eines lohnenden Ziels«, Seite 95).

› Ihre Reaktion ist nicht angemessen

Wenn die Dinge nicht nach Wunsch laufen, neigen wir dazu, immer mehr von dem zu tun, was wir gewohnt sind, statt etwas anderes zu versuchen. Gefangen in der Falle unseres Bedürfnisses nach Beständigkeit, verhalten wir uns nicht selten wie Fliegen, die immer wieder gegen die Scheibe des geschlossenen Fensters prallen und nicht sehen, dass ein anderes Fenster offen steht. Darum lautet eine grundlegende Lebensregel: Wenn das, was du tust, nicht funktioniert, dann tu etwas anderes.

Es ist unmöglich, überhaupt kein Ergebnis zu erhalten. Worauf es ankommt, ist aber, dass Sie Ihr Wunschergebnis erzielen. Versuchen Sie, immer wieder anders vorzugehen, so lange, bis Sie es schaffen.

Wie könnte ich in dieser Situation anders reagieren? Überlegen Sie sich mindestens drei alternative Verhaltensweisen und wenn Ihnen keine einfällt, beziehen Sie Ihre Freunde mit ein. Lassen Sie sich von ihnen vorschlagen, was Sie anders machen könnten.

LESEEMPFEHLUNG:

»Anleitung zum Unglücklichsein« von Paul Watzlawick

› **Erlernte Hilflosigkeit verhindert das Handeln**
Situationen, die Sie in einen Zustand der erlernten Hilflosigkeit versetzen, gehören zu den schlimmsten. Erschöpft und entmutigt lässt der oder die Betroffene die Dinge einfach geschehen, wagt weder Kampf noch Flucht. Wenn es mit einem Menschen so weit kommt, dann gibt es in seinem persönlichen oder beruflichen Umfeld in der Regel einen Manipulator (das kann auch eine Frau sein), der ihn permanent mobbt und drangsaliert. Manchmal basiert das gesamte Managementsystem eines Unternehmens auf Mobbing. Es ist unmöglich, in einem solchen kranken System Karriere zu machen, es sei denn, man ist selbst gestört. Falls Sie in einen Zustand erlernter Hilflosigkeit verfallen sind, suchen Sie sich Hilfe! Das ist lebensnotwendig! Lassen Sie sich helfen, damit Sie wieder genug Energie haben, um aus der Situation zu fliehen.

Sämtliche Mobbing-Opfer, die zu mir in die Beratung gekommen sind, haben an einem bestimmten Punkt diesen Satz gesagt: »Ich wäre beinahe dabei draufgegangen.«

LAUFEN SIE WEG, RETTEN SIE IHRE HAUT!

»Es gibt kein Problem, das so groß wäre,
dass wir nicht vor ihm davonlaufen könnten.«

RICHARD BACH, DIE ABENTEUER EINES MESSIAS WIDER WILLEN

Äußerer Stress (z. B. verursacht durch zu viel Arbeit, die Verpflichtung, ein bestimmtes Ergebnis zu erzielen, oder durch die Angst vor einer ungewissen Zukunft) äußert sich in Form gebieterischer, unbewusster innerer Befehle. Diese Befehle, die wir uns automatisch erteilen, erhöhen unseren Stresspegel noch zusätzlich. Darum ist es wichtig, solche Befehle zu erkennen und zu entschärfen.

Lektion 3: Die fünf »Stressoren« oder: die fünf Antreiber

1. Sei perfekt!

Charakteristische Merkmale: Ein Mensch unter dem Einfluss des Befehls »Sei perfekt« geht über das normale Streben nach guten Leistungen hinaus und verfällt in einen ungesunden Perfektionismus. Nie zufrieden mit einem Ergebnis, ist der oder die Betreffende sehr kritisch sich selbst gegenüber. Da diese Person viel Zeit und Energie damit verliert, an Details herumzufeilen, ist sie weniger produktiv. Selbst kleinste Fehler werden als schmähliches Versagen empfunden.

SICH IRREN IST VERBOTEN!

Gegenmittel: Es ist ganz normal, man selbst zu sein. Fehler und Irrtümer gehören mit zum menschlichen Dasein; es sind Gelegenheiten zu lernen. Geben Sie sich das Recht, zehn Prozent Fehler machen zu dürfen, um vor Perfektionismus geschützt zu sein. Erkennen Sie ohne Wenn und Aber Ihre Erfolge und Fortschritte an, doch …

In Ihrer Unvollkommenheit sind Sie doch vollkommen, so wie ein Kunstwerk. Denn Sie sind auf der ganzen Welt einzigartig.

Lernen Sie, zwischen einer guten und einer perfekten Leistung zu unterscheiden, und streben Sie dann gute Leistungen an!

Beim Lesen dieser Zeilen wird mir klar, dass

____

____

____

Also entscheide ich mich,

____

____

____

2. Sei stark!

Charakteristische Merkmale: Eine Person mit dem inneren Antreiber »Sei stark« hört weder auf ihre Bedürfnisse noch auf ihre Gefühle. Sie meint, man dürfe im Leben nicht auf sich selbst achten, sondern müsse jede Situation durchhalten, koste es, was es wolle. Die betroffene Person hat Schuldgefühle, wenn sie Schwäche zeigt, findet es verdienstvoll, ihre Grenzen zu überschreiten, und ist stolz darauf, ausdauernder zu sein als der Durchschnitt. Überlastung ist bei ihr vorprogrammiert.

SCHLAPPMACHEN IST VERBOTEN!

Gegenmittel: Es ist ganz normal, Gefühle, Zweifel, Bedürfnisse zu haben. Alle Menschen sind verletzlich. Das zu verbergen oder abzuleugnen bringt nichts, im Gegenteil – die langfristige Quittung dafür sind Schlafstörungen und Depressionen. Es ist normal, auf sich selbst zu hören und die eigenen Bedürfnisse zu befriedigen. Und es hat nichts Verdienstvolles an sich, wenn wir uns selbst überfordern und Superman oder Superwoman spielen.

Ihre Gefühle sind Ihre Orientierung und Ihre Freunde. Gestehen Sie sich wieder das Recht zu, menschlich zu sein.

Beim Lesen dieser Zeilen wird mir klar, dass

____

____

____

Also entscheide ich mich,

____

____

____

LESEEMPFEHLUNG:

»Verletzlichkeit macht stark« von Brené Brown

3. Streng dich an!

Charakteristische Merkmale: Eine Person unter dem Diktat des Antreibers »Streng dich an« meint, sie müsse sich für jeden kleinsten Erfolg unglaublich anstrengen. Nur schwierige Dinge haben den Geschmack des Sieges. Leichtigkeit ist ausgeschlossen. Sie arbeitet viel, überprüft verbissen 10-mal denselben Text, bevor sie sich erlaubt, ihn abzuschicken; sie schreibt ganze Seiten ab, statt sich damit zufriedenzugeben, sie zu lesen oder zusammenzufassen. Sie hätte ein schlechtes Gewissen, wenn sie bei der Arbeit »schludern« würde. Menschen, die offenbar mühelos, ohne sich im Geringsten anzustrengen, Dinge erreichen, machen sie wütend.

FAUL SEIN IST VERBOTEN!

Gegenmittel: Die Dinge können auch einfach und angenehm ablaufen. Es ist normal, mühelos Erfolg zu haben. Vertrauen Sie mehr auf Ihre Intelligenz, Ihre Fähigkeiten und Ihr Gedächtnis. Erstellen Sie eine Reihenfolge der Prioritäten, um sich nicht zu verzetteln und unnütze Details beiseitelassen zu können. Allein das Ergebnis zählt. Gestehen Sie sich das Recht zu, cool zu sein.

Stellen Sie Ihre Intelligenz in den Dienst Ihrer Faulheit!

Beim Lesen dieser Zeilen wird mir klar, dass

____

____

____

Also entscheide ich mich,

____

____

____

4. Mach es allen recht!

Charakteristische Merkmale: Wer von der Maxime »Mach es allen recht« angetrieben wird, lebt in der steten Angst, Missfallen zu erregen, abgelehnt oder verlassen zu werden. Die Wünsche und Bedürfnisse anderer sind dieser Person wichtiger als ihre eigenen. Sie kann nicht Nein sagen, wagt nicht, sich zu widersetzen, und versucht schon im Voraus zu erraten, was von ihr erwartet wird. Sie fürchtet stets, etwas falsch zu machen, jemandem wehzutun oder ihr Umfeld zu kränken.

AUF DEINE EIGENEN WÜNSCHE UND BEDÜRFNISSE ZU HÖREN IST VERBOTEN!

Gegenmittel: Man kann es nicht allen recht machen. Es ist normal, auch an sich selbst zu denken und sich im Leben nach den eigenen Werten zu richten und nicht nach denen der anderen. Es ist gesund, auf die eigenen Bedürfnisse zu achten und auf das, worauf man selbst Lust hat. Lassen Sie nicht zu, dass andere Ihre Freundlichkeit ausnutzen; sie werden Sie deswegen nicht lieber mögen.

Die wahre Definition des Egoismus:
Ein Egoist ist jemand, der nicht an mich denkt.

Richtig unangenehm wird es dort, wo das Bedürfnis nach Zustimmung stärker ist als das Bedürfnis, respektiert zu werden. Geben Sie sich wieder das Recht, Nein zu anderen und damit Ja zu sich selbst zu sagen.

Beim Lesen dieser Zeilen wird mir klar, dass

____

____

____

Also entscheide ich mich,

____

____

____

ZUM WEITERLESEN:

»Der kleineSelbstcoach: Trau dich, Grenzen zu setzen« von Rosette Poletti und Anne van Stappen

5. Beeil dich!

Charakteristische Merkmale: Eine Person, die unter dem Einfluss des Antreibers »Beeil dich« steht, ist stets ungeduldig. Sie hasst es, Zeit zu verlieren und zu spät zu kommen, ist immer auf Trab, fürchtet, den Bus zu verpassen und nicht rechtzeitig fertig zu werden. Daher erledigt sie die Dinge im Eiltempo, auf die Gefahr hin, sich nicht genügend Zeit zum Nachdenken zu nehmen, die Anleitung nicht zu lesen oder sich keinen Arbeitsplan zu machen. Durch die übertriebene Hast unterlaufen ihr häufig Fehler, sodass sie die kostbare Zeit, die sie eigentlich gewinnen wollte, wieder verliert – weil sie noch einmal ganz von vorn beginnen muss.

DU DARFST DIR NICHT DIE ZEIT NEHMEN, DIE DU BRAUCHST!

Gegenmittel: Es ist absolut normal, sich die Zeit zu nehmen, die zur Erledigung der Dinge erforderlich ist. Sie sollten stets eine Uhr in der Nähe haben, um zu kontrollieren, wie viel Zeit Ihnen noch bleibt. Organisieren Sie die Arbeit so, dass Sie für jede Aufgabe einen festgelegten Zeitrahmen vorsehen, und lassen Sie dabei jeweils einen etwas größeren Spielraum. Planen Sie auch für die unvermeidlichen unvorhergesehenen Zwischenfälle Pufferzeit ein.

»Wenn es eilt, ist es schon zu spät.«

TALLEYRAND

Zeitdruck ist oftmals keine unveränderbare Größe. Gestehen Sie sich wieder das Recht zu, sich Zeit zum Überlegen zu nehmen.

Beim Lesen dieser Zeilen wird mir klar, dass

____

____

____

Also entscheide ich mich,

____

____

____

Meine Schlussfolgerung:

____

____

____

Lektion 4: Die fünf Schlüssel zum Verwirklichen eines lohnenden Ziels

Wie schon in der Einleitung erwähnt, kommt es selten vor, dass unsere guten Vorsätze lange Bestand haben. Fest entschlossen und hoch motiviert schwören wir zu Jahresbeginn, dass wir ab morgen … Und was hatten wir uns noch mal am letzten Neujahrstag vorgenommen, und im Jahr davor? Tja, so ist es: Gute Vorsätze haben oft ein schnelles Verfallsdatum. Wie viele Ihrer Wünsche, Projekte und – schlimmer noch – Ihrer Träume sind auf diese Weise schon in der Versenkung verschwunden? Das ist aber beileibe kein Grund, sich schuldig zu fühlen. Wenn Sie Ihre Vorhaben bisher nicht in die Tat umgesetzt haben, dann vermutlich deswegen, weil Sie die Methode nicht kannten, wie Sie sich Ziele kreieren können, die zwangsläufig von Erfolg gekrönt sind. Ausgehend von einem unbestimmten Vorhaben, einem Wunsch, einem Traum, können Sie mit dieser Technik Ihre Ideen erforschen, aufbereiten, bereinigen und ausarbeiten, bis diese solch eine Genauigkeit und Kraft erlangen, dass Ihnen nichts mehr misslingen kann!

1. Formulieren Sie Ihr Ziel positiv und präzise!

Ihr Ziel muss ausschließlich positiv formuliert sein, denn das Gehirn kann sich keine Vorstellung davon machen, dass etwas »nicht« ist.

Wenn Sie sagen, dass Sie etwas nicht mehr wollen, hilft Ihnen das nicht, zu erkennen, was Sie wollen. Auf wen wollen Sie zugehen, was streben Sie an? Seien Sie dabei genau. Was exakt meinen Sie mit »eine erfüllende Berufslaufbahn einschlagen« oder »wieder Sport treiben, damit ich fitter werde«? Kurz und gut, fragen Sie sich: »Was will ich konkret?«

Das Erste, was Sie sich fragen sollen, ist also: »Was will ich – ganz konkret und genau?«

Ist Ihre Antwort negativ formuliert (z. B. »Ich will nicht mehr schüchtern sein«), dann äußern Sie damit das Problem und nicht das angestrebte Ziel. Stellen Sie sich in diesem Fall die Frage noch einmal, so lange, bis Sie eine positive, genaue Formulierung finden (z. B.: Wie ist das Leben, wenn man mutig und selbstbewusst ist?).

Zu unbestimmte Ziele bleiben unerreichbar.
Seien Sie so genau wie möglich.

FRAGEN, DIE SIE SICH STELLEN KÖNNEN:

Was will ich genau?

Was will ich anstelle von »nicht« oder »nicht mehr«?

Wie wäre ich, wenn ich nicht .... wäre?

Wie sieht die Lösung/sehen die Lösungen aus?

Was verstehe ich unter Glück, Respekt, Zuwendung, Zärtlichkeit …?

____

____

____

Woher weiß ich, dass ich reich, glücklich, »aufgeblüht« bin?

____

____

____

2. Stellen Sie Ihr Ziel in einen Zusammenhang, der klar erfasst werden kann

Auch hier geht es darum, Ihr Denken zu präzisieren. Welches Ausmaß an Reichtum verstehe ich beispielsweise unter »reich sein«? Bei welchem Gewicht kann die Diät als erfolgreich betrachtet werden? Das Definieren eines präzisen Kontexts ermöglicht es Ihnen, Ihr Ziel so konkret wie möglich herauszustellen, denn ein vages Ziel ließe Sie auch im Unklaren darüber, wie es zu erreichen ist.

FOLGENDE FRAGEN SOLLTEN SIE SICH IMMER WIEDER STELLEN:

Wo?

Wann?

Wie viel?

Mit wem?

Will ich das oder will ich es nicht?

Auf die sechs »W-Fragen« (Wer? Was? Wo? Wann? Wie? Wie viel?) greifen auch Polizeiermittler zurück. Diese Fragen zielen auf Tatsachen ab, sind also nicht subjektiv und unterstützen Sie so dabei, Ihre Träume Realität werden zu lassen.

Das »Wann« ist wichtig für die Verwirklichung von Zielen, denn dadurch wird vermieden, dass das Anfangen immer wieder auf morgen verschoben wird. Es funktioniert wie ein Countdown-Zähler und macht es möglich, dass die einzelnen Teilschritte nach und nach in der richtigen Reihenfolge ablaufen, bis das Ziel schließlich verwirklicht ist.

3. Verdeutlichen Sie sich Ihr Ziel auch mithilfe der Sinne

Hier geht es darum, mit allen fünf Sinnen zu erleben, wie Sie Ihr Ziel erreichen. Das ist ein wichtiger Schritt, denn er ermöglicht Ihnen, im Voraus die Erfahrung zu machen, dass Sie mit Ihrem Vorhaben erfolgreich sind.

› **Die vorweggenommene Freude, die dadurch in Ihnen aufkommt, verstärkt Ihre Motivation.**
› **Sie können überprüfen und genauer erkennen, wie realistisch Ihr Ziel ist.**
› **Und schließlich ist Ihr Ziel dank dieser objektiven Bewertungskriterien konkret mess- und überprüfbar.**

Stellen Sie sich den Moment vor, in dem Ihr Ziel verwirklicht ist. Versetzen Sie sich so in die Situation, dass Sie sowohl auf der emotionalen als auch auf der Ebene der Sinne sehen, hören (was

Sie selbst anderen darüber sagen, was die anderen sagen, was Sie sich selbst sagen) und spüren Sie, wie sich die Tatsache, dass Sie Ihr Ziel erreicht haben, auf Sie auswirkt.

FRAGEN, DIE SIE SICH STELLEN KÖNNEN:

Woran erkenne ich, dass ich mein Ziel erreicht habe?

____

Woran erkennen es die anderen?

____

Was sehe, höre, sage, spüre ich in diesem Moment?

____

Mir ist aufgefallen, dass sich bei Sportlern oft das »Syndrom des Viertplatzierten« bemerkbar macht: Sie haben es nicht aufs Treppchen geschafft. Nun ist es aber so: Man muss es wagen, sich lange und voller Freude auf diesem Siegerpodest zu visualisieren, wenn man eine Chance haben will, es hinaufzuschaffen.

Dieser Schritt ermöglicht auch, das Gesetz der Anziehung zu aktivieren.

Doch oft gewinnt an einem bestimmten Punkt die Angst vor der mit einer Niederlage einhergehenden Enttäuschung die Oberhand über das Verlangen zu siegen. Sportler, die vom »Syndrom des Viertplatzierten« betroffen sind, haben in der Regel lieber ihre Angst vor der Enttäuschung gehegt und ihr Verlangen, erfolgreich zu sein, vernachlässigt.

STELLEN SIE IHRE GESAMTE ENERGIE IN DEN DIENST DES WUNSCHES, ERFOLGREICH ZU SEIN, UND VERGESSEN SIE IHRE ANGST ZU VERSAGEN.

4. Prüfen Sie, ob es in Ihrer Macht liegt, Ihr Ziel zu erreichen

Sie müssen die Kontrolle über das Ziel haben, das Sie sich setzen, von Anfang bis Ende. Ein Ziel, das vom guten Willen anderer abhängt, ist nicht realisierbar. Es ist wichtig, dass Ihr Ziel ausschließlich von Ihnen entschieden und vollendet wird. Man kann nur das als Ziel haben, was voll und ganz in der eigenen Verantwortung liegt. Konzentrieren Sie sich auf das, was in Ihrer Macht liegt, und lassen Sie den Rest los. In diesem Schritt ist es auch sinnvoll zu prüfen, über welche Ressourcen Sie verfügen und welche Sie sich eventuell noch aneignen müssen.

FRAGEN, DIE SIE SICH STELLEN KÖNNEN:

Von wem oder was hängt es ab, ob ich das, was ich will, auch erreiche?

____

Was brauche ich, um mein Ziel zu erreichen?

____

Über welche persönlichen Ressourcen verfüge ich bereits und welche muss ich mir noch aneignen?

____

Über welche Ressourcen verfüge ich in meinem Umfeld (Personen, Dinge ...)?

____

Was werde ich tun?

____

PASSIV	ÜBERKONTROLLIERT
MACHT Verantwortung	**OHNMACHT** Frustration und Schuldgefühle
AKTIV	**LOSLASSEN**

Unsere Erziehung hat uns merkwürdigerweise gelehrt, passiv zu sein, wenn wir Macht haben, und übermäßig kontrolliert zu sein, wenn das nicht der Fall ist. Was eine nicht unerhebliche Ursache für Stress ist!

So kann es sein, dass ein Lehrer mehr Energie für die Kontrolle der Hausaufgaben seiner Schüler aufwendet als darauf, ihnen während des Unterrichts Kenntnisse zu vermitteln. Ebenso haben viele Frauen gelernt, über das Wohl der Ihren zu wachen und dabei zu vergessen, für sich selbst Sorge zu tragen.

KONZENTRIEREN SIE IHRE ENERGIEN WIEDER AUF DAS, WAS INNERHALB IHRER HANDLUNGSMÖGLICHKEITEN LIEGT.

Lernen Sie, zu unterscheiden, was in Ihrer Macht steht und was nicht:

› **Macht geht mit einem Gefühl der Verantwortung, Kraft und Energie einher.**
› **Ohnmacht ruft Gefühle der Frustration und der Schuld hervor. Immer wenn wir uns für Dinge verantwortlich fühlen, über die wir nicht die geringste Macht haben, löst das ein Schuldgefühl aus.**
› **Wenden Sie das folgende buddhistische Prinzip an, um leichter loslassen zu können:**

*»Wenn du ein Problem hast,
versuche es zu lösen.
Kannst du es nicht lösen,
dann mach kein Problem daraus.«*

Auch das Gelassenheitsgebet können Sie anwenden:

*»Gott, gib mir die Gelassenheit, Dinge hinzunehmen,
die ich nicht ändern kann, den Mut, Dinge zu ändern,
die ich ändern kann, und die Weisheit,
das eine vom anderen zu unterscheiden.«*

(Reinhold Niebuhr zugeschrieben)

5. Respektieren und schützen Sie das Ökosystem Ihres Lebens

Wenn der Preis, den Sie zahlen müssen, um Ihr Ziel zu erreichen, nicht klar umrissen ist oder Sie ihn nicht akzeptieren, dann werden Sie entweder Ihr Ziel sabotieren oder aber letztendlich neue Schwierigkeiten in Ihrem Leben erzeugen. Das ist der Grund, warum manche Vorhaben besser nicht verwirklicht werden sollten. Spielen Sie doch einmal den Advocatus Diaboli: Hätte es nicht viele Vorteile, wenn sich nichts ändern würde und alles so bliebe, wie es ist?

Es könnten sich durchaus negative Konsequenzen aus den mit dem Vorhaben einhergehenden Veränderungen ergeben. Daher ist es sinnvoll, sich im Voraus darüber Gedanken zu machen, um das Ziel entsprechend anzupassen. Auf keinen Fall darf die Verwirklichung Ihres Ziels zu einer Umweltkatastrophe in Ihrem Leben führen! Das Ziel muss sich harmonisch in Ihre Welt einfügen.

Jeder von uns besitzt ein inneres und ein äußeres »Ökosystem«. Ein Ziel ist in Bezug auf die Außenwelt ökologisch, wenn es das familiäre, berufliche und soziale System respektiert, in dem der oder die Betreffende lebt. Das innere Ökosystem umfasst dagegen die Kriterien, Werte, Überzeugungen und Gefühle der Person.

Achtung: Ein Ziel kann zwar für Sie selbst ökologisch – »umweltfreundlich« – sein, aber nicht für Ihr Umfeld; oder umgekehrt. Sollte dieser Fall eintreten, kann es zu großen Verwerfungen kommen. Dies sollten Sie immer vorher bedenken. Ihr Ziel ist nur dann wirklich ökologisch, wenn die Konsequenzen sowohl für Sie selbst als auch für Ihre Umgebung positiv und nutzbringend sind. In diesem Fall wird Ihre Motivation, das Ziel verwirklichen zu wollen, verstärkt.

FRAGEN, DIE SIE SICH STELLEN KÖNNEN:

Was geschieht, wenn ich mein Ziel erreicht habe?

____

Was könnte sich in den anderen Bereichen meines Lebens daraus ergeben?

Muss ich einen Preis zahlen, um dieses Ziel zu erreichen?

Steht dieses Ziel im Einklang mit meinem Lebensplan?

WEITERE FRAGEN, DIE IHNEN HELFEN KÖNNEN:

Welche Vorteile könnten darin liegen, die Situation so beizubehalten, wie sie jetzt ist?

Welche Nachteile könnten sich für mich oder mein Umfeld ergeben, wenn ich das Ziel erreiche?

Im Grunde geht es darum, den Preis für das Erreichen unseres Ziels einzuschätzen und ihn bewusst zu akzeptieren. All unsere Entscheidungen haben ihren Preis. Jedes Mal, wenn wir über etwas schimpfen, setzen wir uns mit diesem Preis auseinander. Manche Dinge, für die (oder gegen die) wir uns entscheiden, haben einen sehr hohen verborgenen Preis. Wenn wir dagegen mit unseren Entscheidungen im Einklang sind und den Preis, den wir dafür zahlen müssen, akzeptieren, übernehmen wir wieder das Steuer unseres Lebens.

Auf diese Art vorzugehen, um sich Ziele zu setzen, ist sehr beflügelnd und garantiert, dass Ihre Vorhaben erfolgreich sind. Ob es sich um kleine Ziele oder langfristige Projekte handelt: Die Methode ist stets dieselbe und gleichermaßen wirksam.

Jetzt sind Sie dran!

6. Zusammenfassung

Was ich will:

____

____

____

Wann, wo und mit wem?

Hier die kreative Visualisierung, die ich mir von meinem Ziel erschaffe. Meine Bilder oder mein Film:

Meine Affirmationen und mein Soundtrack dazu:

Meine Empfindungen:

Ich habe es überprüft: Niemand außer mir hat die Macht, dieses Ziel zu vereiteln. Der Preis, um dieses Ziel zu erreichen, ist …

____

____

____

____

____

____

… und ich akzeptiere ihn voll und ganz.

Lektion 5: Die Motivation

Abgesehen von Profiteuren und Schnorrern (Personen, die in die Kategorie der Manipulatoren gehören) existieren faule Menschen für mich nicht. Ich habe nur müde oder sogar erschöpfte, entmutigte, demotivierte Menschen getroffen oder solche, die nicht wussten, wie sie ihr Problem anpacken sollten. Wenn Sie etwas nicht schaffen, kann das folgende Gründe haben:

1. Ihnen fehlt die Motivation

Sie sollten Ihr Ziel lieber mit Ihren Werten und Lebensplänen verknüpfen und wieder zu dem guten Gefühl zurückfinden, selbst der Pilot Ihres Lebens zu sein. Wir haben stets die Wahl; es genügt, wenn wir akzeptieren, den Preis dafür zu zahlen.

Warum wollen Sie es tun?

Beantworten Sie sich diese Frage nicht in der Sprache der Gehorsamen: »Es ist nötig, ich muss, es ist meine Pflicht ...«, sondern in der Sprache der Entscheider: »Ich will, ich entscheide, ich beschließe, ich habe Lust ...«

____

____

____

2. Sie visualisieren Ihr Ziel von einem ungünstigen Punkt aus

Sie sehen sich wahrscheinlich gerade im Moment des Beginns, das heißt, vor dem Berg, den es zu erklimmen gilt. Ändern Sie den Zeitpunkt. Visualisieren Sie sich in Ihrer Vorstellung zehn Minuten vor Beendigung des Projekts. Kosten Sie diesen Moment aus. Denken Sie bei der Arbeit immer wieder daran. Was werden Sie Schönes und Angenehmes tun, wenn Sie fertig sind?

3. Sie betrachten Ihre Aufgabe zu global

Was Sie sich vorgenommen haben, ist ein zu großer Happen, um ihn als Ganzes zu schlucken. Darum wissen Sie nicht, wo Sie anfangen sollen. Unterteilen Sie Ihr Ziel in mehrere Arbeitsschritte.

Der erste Schritt besteht darin, dass ...

____

____

____

____

____

Lektion 6: Organisation

1. Tun Sie gern mehrere Dinge gleichzeitig oder konzentrieren Sie sich lieber auf eine Sache?

Gehören Sie zu denen, die schon mal die Wäsche aufhängen, bis das Nudelwasser anfängt zu kochen?

› **Falls Sie geantwortet haben ...**
»Natürlich nicht! Das führt doch höchstens dazu, dass man den Topf mit dem Wasser vergisst!«
... dann ist Ihr Gehirn auf Monotasking »geeicht«.

Ein Gehirn im Monotasking-Modus führt Aufgaben hintereinander aus und beginnt erst dann mit etwas Neuem, wenn das Vorhergehende beendet ist. Dadurch ist es in der Lage, die Aufmerksamkeit auf das gerichtet zu halten, was man gerade tut; das Konzentrationsvermögen wird gesteigert.

Monotasking ermöglicht – dadurch, dass Aufgaben eine nach der anderen beendet werden – auch, einzuschätzen, wie es mit der Arbeit vorangeht. Das ist sehr motivierend. Der Nachteil ist: Sobald eine Aufgabe begonnen wurde, ist alles andere blockiert, und auf diese Weise kann beim Arbeiten das Gefühl einer gewissen Monotonie entstehen. Im Monotasking-Modus kommt es auf die Größe der einzelnen Aufgaben an, nicht auf ihre Anzahl. Ein Monotasking-Gehirn wird tendenziell kleinere Aufgaben sehr schnell erledigen können, um sich anschließend voll und ganz den großen zu widmen. Zwei oder drei kleine Zusatzaufträge, die zur regulären Arbeit hinzukommen, werden daher nicht als Extrabelastung wahrgenommen.

› **Falls Sie geantwortet haben …**
»Natürlich! Bis das Nudelwasser anfängt zu kochen, ist doch ohnehin nichts zu tun!«
… dann ist Ihr Gehirn auf Multitasking »geeicht«.

Ein Gehirn im Multitasking-Modus führt mehrere Aufgaben gleichzeitig aus. Dies ermöglicht einen Zeitgewinn dadurch, dass man verschiedene Arbeiten chronologisch ineinander übergreifend durchführt.

Ein auf Multitasking programmiertes Gehirn ist sehr leistungsstark, wenn man eine tadellose Disziplin und Organisation hat, kann aber auch dazu führen, dass man sich verzettelt und vergisst, was man gerade tun wollte. Das Multitasking-Gehirn ermöglicht nicht immer eine genaue Einschätzung, wie weit die Arbeit bereits erledigt wurde: Selbst wenn alle begonnenen Aufgaben bereits weit fortgeschritten sind, kommt es häufig vor, dass dennoch keine einzige beendet ist. Im Multitasking-Gehirnmodus kommt es auf die Anzahl der Aufgaben an, nicht auf ihre Größe. Zwei oder drei kleine Zusatzaufträge, die zur laufenden Arbeit hinzukommen, werden daher so wahrgenommen, als seien sie … zu viel.

Trick: Die meisten Frauen tendieren zum Multitasking und die meisten Männer zum Monotasking. Da bei dieser Aufteilung für eine Frau die Zahl der zu erledigenden Aufgaben zählt und für einen Mann ihre Wichtigkeit, genügt es, dafür zu sorgen, dass der Mann einige zusätzliche kleine Aufgaben übernimmt, damit beide zufrieden sind!

Die ideale Organisation: in der Vorbereitungsphase Multitasking, bei der Ausführung Monotasking.

2. Ein bisschen Taylorismus

Seit Beginn der Industrialisierung hat man die Rentabilität von Bewegungsabläufen untersucht, um die Produktivität zu steigern. Daraus resultieren einige sehr nützliche Erkenntnisse, die Ihnen helfen können, Stress zu vermeiden:

› **Stellen Sie stets alle notwendigen Materialien (oder alle erforderlichen Unterlagen) vor Arbeitsbeginn zusammen.**
Man sollte nicht erst dann, wenn die Hände ölverschmiert oder mehlig sind, daran denken, den Handmixer aus dem Schrank zu nehmen. Und wenn man drei Bretter festhalten muss, kann man nicht gleichzeitig in der Werkzeugkiste nach dem Schraubenzieher wühlen.

› **Erledigen Sie die Dinge in der logischen Reihenfolge.**
Staubwischen vor dem Staubsaugen, Schmirgeln vor dem Lackieren, die Gliederung eines Textes vor dem Ausarbeiten ...

› **Wählen und gestalten Sie den Arbeitsort so, dass Sie nicht unnötig hin- und herlaufen müssen.**
Wenn Sie sich für Ihre Aufgabe fortbewegen müssen, sollten Sie die Wege, die Sie zurücklegen müssen, studieren und

feste Abläufe planen. Wischen Sie beispielsweise Staub in einem Zimmer so, dass Sie auf der linken Seite beginnen und dann im Uhrzeigersinn weitermachen, statt willkürlich von einem Möbelstück zum nächsten zu wechseln.

› **Erledigen Sie alle gleich gearteten Aufgaben zur selben Zeit.** Dieses als Taylorismus bezeichnete Verfahren erhöht beträchtlich die Effizienz dessen, was Sie tun, denn die Art, wie Sie es tun, wird automatisiert. Wenn Sie zum Beispiel putzen, ist es besser, jeweils in der gesamten Wohnung zuerst Staub zu wischen, dann staubzusaugen, die Oberflächen abzuwischen und schließlich den Boden zu wischen, statt Zimmer für Zimmer vorzugehen.

Eine gute Organisation bezieht den gesunden Menschenverstand mit ein: Nehmen Sie sich immer die Zeit, erst zu überlegen, bevor Sie handeln!

3. Persönlicher Organisationsplan

Listen Sie schriftlich alle zu erledigenden Aufgaben auf. Ziel ist, sie nicht mehr im Kopf behalten zu müssen, aber dennoch sicher zu sein, keine zu vergessen.

____

____

____

Trick: Gehen Sie einmal durchs Haus, Zimmer für Zimmer, Schrank für Schrank, um eine vollständige Liste zu erstellen.

Vergessen Sie vor allem nicht die Aufgaben, die mit »Eines Tages möchte ich gerne ...« beginnen!

Teilen Sie die Aufgaben in drei Kategorien ein:

LANGFRISTIG	MITTELFRISTIG	KURZFRISTIG

4. Wie Sie Verspätungen in Ihrer Organisation wieder aufholen können

> Suchen Sie die fünf dringendsten Aufgaben heraus.

1. ____________________
2. ____________________
3. ____________________
4. ____________________
5. ____________________

**UNABDINGBAR:
ORDNEN SIE SIE NACH DIESEM KRITERIUM:
DAS, WAS ICH AM WENIGSTEN MAG,
KOMMT IMMER ALS ERSTES DRAN.**

> Kristallisieren Sie Ihre erste Aufgabe heraus. Unterteilen Sie sie in Einzelschritte von 10 bis 20 Minuten.

› **Konzentrieren Sie sich auf den ersten Arbeitsschritt. Behalten Sie einen Wecker oder eine Uhr im Blick, um sich an den Zeitrahmen halten zu können.**

UNUMGÄNGLICH:
IMMER EINE AUFGABE ERST ABSCHLIESSEN, BEVOR SIE DIE NÄCHSTE BEGINNEN.

› **Schieben Sie nach jedem dritten oder vierten Arbeitsschritt oder jede Stunde eine kurze Pause ein. Gehen Sie ein Stückchen, strecken Sie sich und vergessen Sie nicht, etwas zu trinken und tief durchzuatmen!**

GANZ ENTSCHEIDEND:
MIT GENUSS DIE ERLEDIGTEN AUFGABEN DURCHSTREICHEN UND DIE GANZ DURCHGESTRICHENE LISTE IMMER MAL WIEDER ANSCHAUEN.

› **Gönnen Sie sich echte Momente der Entspannung und freie Tage.**
Achten Sie darauf, dass Sie nicht bis zum Gehtnichtmehr arbeiten. Entspannung ist unerlässlich, damit das Gehirn sich erholt. Gestehen Sie sich täglich mindestens eine volle Stunde echter Ruhe oder Entspannung zu.

LEBENSWICHTIG:
VERWECHSELN SIE NICHT RUHE MIT ENTSPANNUNG. FÜR IHRE KÖRPERLICHE UND GEISTIGE GESUNDHEIT BRAUCHEN SIE BEIDES.

5. Sonderfall: Für eine Prüfung lernen

- Erstellen Sie eine Liste der einzelnen Fächer und der Bücher, Artikel oder Arbeitsblätter, die Sie pro Fach wiederholen bzw. sich erarbeiten müssen.
- Zählen Sie, wie viele Tage Ihnen bis zur Prüfung noch bleiben.
- Je früher Sie anfangen, desto entspannter ist Ihr Lernplan.
- Halten Sie sich möglichst einen Tag oder zumindest einen halben Tag pro Woche frei, an dem Sie nicht lernen.
- Teilen Sie die Lektüre der Fachliteratur sinnvoll auf die verbleibenden Tage auf, abzüglich der lernfreien Tage.
- Variieren Sie täglich den Stoff – immer das, was Sie am wenigsten mögen, zuerst!

AM ABEND VOR DER PRÜFUNG
WIRD NICHT MEHR GELERNT!

Lektion 7: Ausmisten

Oh, wir sehen das Leben in Rosarot,
einem Rosarot, das man uns anpreist:
Massenhaft Dinge zu besitzen,
die Verlangen nach mehr wecken.
Wir sollen denken,
Glück bedeute Besitz,
bedeute volle Schränke.
Unsinn! Denn die Menge
ist sentimental,
dürstet nach einem Ideal,
Sterne, Segel, nur nichtkommerzielle
Dinge ziehen sie an.

FOULE SENTIMENTALE VON ALAIN SOUCHON

Wenn Sie es nicht schaffen, sich selbst zu organisieren, dann ist Ihr Leben »vollgestopft« und blockiert – von Gegenständen, Pflichten, Aktivitäten, oberflächlichen Beziehungen, falschen Prioritäten ... Ich rate Ihnen daher zu einem Großputz. Sortieren Sie Dinge aus. Es ist leichter, ein von überflüssigen Dingen befreites Zimmer zu putzen als eine »Schatztruhe« voller Teppiche, Nippes und Krimskrams; es ist leichter, einen Schrank aufzuräumen, in dem nur die Wäsche liegt, die auch gebraucht wird; und es ist leichter, sich in einer Küche zurechtzufinden, in der nur die Geräte sind, die man wirklich verwendet. Überdenken Sie insgesamt die Art, wie Sie Ihren Haushalt und Ihr Leben organisiert haben:

HÜTEN SIE SICH VOR DIESEM FALSCHEN FREUND: »DAS KANN MAN DOCH NOCH BENUTZEN!«

Erster Anhaltspunkt: Was in den letzten fünf Jahren nicht benutzt wurde, hat praktisch keine Chance, eines Tages noch einmal zum Einsatz zu kommen.

Zweiter Anhaltspunkt: Ziehen Sie Qualität der Quantität vor.

1. Ihre Garderobe

Bestimmt haben Sie es schon gemerkt: Sie besitzen fünf oder sechs Kombinationen, die Sie ständig tragen, und schränkeweise Kleidungsstücke, gekauft aus einer Laune heraus, die überhaupt nicht zu Ihren restlichen Outfits passen und in Vergessenheit geraten sind (teilweise auch deswegen, weil sie Schuldgefühle in Ihnen auslösen, denen Sie ausweichen wollen). Denken Sie einmal grundsätzlich über Ihre Garderobe nach und definieren Sie einen Stil, der Ihnen gefällt, indem Sie einige Grundelemente auswählen, die gut miteinander kombinierbar sind, und einige ausgefallene Kleidungsstücke zur Auflockerung des Ganzen. Geben Sie qualitativ hochwertigen Materialien den Vorrang. Ist es nicht besser, drei oder vier teurere, elegante, bequeme und haltbare Schuhe zu haben als zwanzig Paare von dürftiger Qualität? Dasselbe gilt für Handtaschen, Mäntel, Kleider und Hosen ...

Schöne, hochwertige Kleidung, klug ausgewählt, aus guten Stoffen hergestellt, auf solide Holzkleiderbügel gehängt – was für ein schöner Schrank!

2. Bettwäsche und Handtücher

Seltsamerweise besitzen wir oft sehr schöne Stücke, die in den Tiefen unserer Schränke schlummern, nutzen aber letztendlich nur verschlissene Teile. Verdienen Sie nicht dicke, mollige Badehandtücher, weiche, feste Laken, neue Geschirrtücher? Brauchen Sie so viel Haushaltswäsche? Behalten Sie nur das, was für Ihren Bedarf nötig ist. Schichten Sie die Wäsche als Augenweide in hübschen Stapeln aufeinander.

3. Geschirr

Unsere Küchen quellen über von ungeeigneten Kochutensilien, nie benutztem Schnickschnack und abgelaufenen Würzmitteln. Und was soll man zu dem Teller-Set oder den »guten Gläsern für die Gäste« sagen, die auf keinen Fall kaputtgehen und unvollständig sein dürfen und deswegen zeit ihres Lebens ganz hinten im Geschirrschrank bleiben müssen? Bringen Sie wieder gesunden Menschenverstand in die Sache und betrachten Sie das Ganze von der praktischen Seite. Wenn das gute geerbte Service von der Oma Ihnen gefällt, dann benutzen Sie es und erfreuen sich daran.

BUDDHISTISCHES PRINZIP:
DAS SCHICKSAL EINES GLASES IST ES,
AM ENDE ZU ZERBRECHEN.
DARUM BETRACHTE EIN NEUES GLAS STETS SO,
ALS SEI ES SCHON ZERBROCHEN.

4. Mobiliar

Überlegen Sie, welche Ihrer Einrichtungsgegenstände »zu viel« sind und die Zimmer verstellen. Gestalten Sie die Räume schlicht und funktional. Ist Ihre Sammlung von Dosen, Bechern und Magneten wirklich unverzichtbar? Entscheiden Sie sich auch hier wieder für Qualität. Ein Sofa, ein Tisch, eine Lampe – alles elegant und solide ...

5. Kosmetikprodukte

Sehen Sie einmal nach, wie viele Cremes, Duschgels, Shampoos und Pröbchen Ihr Badezimmer anfüllen. Und in Ihrem Schminkbeutel herrscht ein undurchdringliches Chaos an Make-up-Utensilien, die Sie ohnehin nur zu zehn Prozent nutzen, oder? Ihre Haut verdient nur das Beste: ein einziges Produkt, aber ein qualitativ hochwertiges! Ein Duschgel, eine Tagescreme, eine Mascara ...

6. Beziehungen

Betrachten Sie Ihre Beziehungen mit etwas Abstand: Auch hier ist Aussortieren angesagt. Welchen Sinn hat es, Zeit mit Menschen zu verbringen, mit denen Sie nicht das Geringste gemeinsam haben, die Ihnen die Laune vermiesen oder, schlimmer noch, die Sie schamlos ausnutzen?

- **Meine engsten Freunde: Menschen, auf die ich mich stützen kann.**
- **Meine Freunde und Bekannten: diejenigen, mit denen ich mich entspanne, mit denen ich Spaß haben kann.**
- **Mein Netzwerk: meine Beziehungen, die in beruflicher und/ oder kultureller Hinsicht nützlich oder bereichernd sind. Man unterstützt und informiert sich gegenseitig.**
- **Meine Familie: Wenn sie mir guttut, sollte ich sie regelmäßig besuchen. Ist sie schwierig, sollte ich sie zweimal im Jahr zu einem kurzen Essen besuchen.**
- **Fruchtlose Beziehungen: Wir haben über den Regen und das schöne Wetter gesprochen, Neuigkeiten ausgetauscht, sind wieder auseinandergegangen, ohne uns wirklich begegnet zu sein ...**
- **Toxische Beziehungen: Menschen, die Sie benutzen, kritisieren, erniedrigen, Selbstzweifel in Ihnen wecken, Sie entmutigen und deprimieren: Vor solchen Menschen sollten Sie einfach fliehen!**

Nun ist es an Ihnen, die Liste der Bereiche in Ihrem Leben fortzuführen, die Sie bereinigen sollten (Bücherregale, Spielzeugkoffer, Werkzeugkiste, Werte, Prioritäten ...). Ist Ihr Leben erst einmal freigeräumt, können Sie durchatmen. Selbstorganisation ist dann ein Kinderspiel!

DATEN SPEICHERN IN DER CLOUD: EIN ECHTES PLUS, UM EFFIZIENT ORDNUNG ZU SCHAFFEN, VORAUSGESETZT, MAN IST IN DER LAGE, DIE EIGENE CLOUD ORDENTLICH ZU ORGANISIEREN!

UNBEDINGT LESEN – ICH WAR SOFORT BEGEISTERT:

»*Magic Cleaning*« von Marie Kondo

Lektion 8: Entspannen Sie sich

- Machen Sie es sich bequem (eher in einem Sessel oder auf einem Kissen als im Liegen, damit Sie nicht einschlafen).
- Wenn Sie möchten, können Sie entspannende Musik im Hintergrund abspielen, aber nichts »Lautes«.
- Schließen Sie die Augen.
- Richten Sie Ihre Aufmerksamkeit auf die Geräusche, die von außen kommen.
- Konzentrieren Sie sich auf Ihren Körper, seine Position, die Auflagepunkte, sein Gewicht usw.
- Achten Sie nun auf Ihren Atem, auf das Heben und Senken der Bauchdecke und die Entspannung des Solarplexus.
- Spüren Sie, wie sich ein Gefühl der Ruhe, des Friedens und des Wohlbefindens in Ihnen ausbreitet.
- Visualisieren Sie die innere Landschaft, die dieses Wohlbefinden am besten symbolisiert.
- Kreieren Sie Bilder, Geräusche, körperliche Empfindungen ...
- Sobald Sie in Ihrer Landschaft sind, stellen Sie sich vor, Sie würden bei jeder Einatmung alles Positive dieser Landschaft in sich aufnehmen und es mit jeder Ausatmung in Ihrem Körper verteilen.
- Nehmen Sie sich die Zeit, all den Frieden, all die Ruhe dieser Landschaft in sich aufzunehmen.

› Von dieser inneren Landschaft aus können Sie Szenen Ihrer Zukunft visualisieren und sich vorstellen, wie sie erfolgreich verlaufen. Profitieren Sie von diesem Raum der Entspannung, indem Sie Ihre Zukunftsziele kreativ visualisieren.
› Sie können auch Worte auswählen, die für Sie eine positive Konnotation haben, sie beim Ausatmen innerlich aussprechen und sich dabei vorstellen, dass die wohltuende, fast magische Wirkung dieser Worte sich in Ihrem ganzen Wesen ausbreitet. Nehmen Sie zum Beispiel Worte wie Vertrauen, Liebe, Glück, Frieden, Konzentration, Gedächtnis usw.
› Wenn Sie das Gefühl haben, allen Stress nach außen abtransportiert und sich mit Frieden, Ruhe und Positivem vollgetankt zu haben, dann »werden Sie wach« wie nach einer Siesta. Bewegen Sie sich ein bisschen, atmen Sie ein paarmal tief durch, gähnen Sie, strecken Sie sich wie eine Katze. Wenn Sie sich richtig wach fühlen, öffnen Sie die Augen.
› Sie können diese Anleitung auch auf CD aufnehmen und jeweils zwischen den einzelnen Schritten Pausen einschieben. Diese Aufnahme können Sie sich dann bei Bedarf in Ruhe anhören. Auch im Handel sind Entspannungs-CDs erhältlich.

Zum Schluss

Fürchten Sie sich nicht mehr vor Stress! Gut kanalisiert, kann er sehr anregend sein! Wenn Sie sich nun das Recht zugestehen, unvollkommen zu sein, sich Zeit zu nehmen, Grenzen zu haben, sich das Leben leichter zu machen, ein bisschen egoistisch zu sein und vor allem, aus »toxischen« Situationen Hals über Kopf zu entfliehen, dann dürfte Ihr Leben jetzt schon viel angenehmer sein! Wenn Sie obendrein noch gut organisiert sind, kann Sie nun nichts mehr stressen – es sei denn, Sie setzen sich aus Freude an der Leistung selbst unter Stress.

Wenn Sie mithilfe dieses Selbstcoachs Ihre Art, mit Herausforderungen umzugehen, nicht radikal ändern konnten, dann sollten Sie das »ökologische Gleichgewicht« Ihres Lebens mit der Hilfe eines Therapeuten überprüfen: Haben Sie nicht auch das Recht, sich zu ändern, zu wachsen, stolz auf sich zu sein, sich ein gelassenes, bequemes Leben zu gönnen?

Ich persönlich habe mich selbst unter – positiven – Stress gesetzt und diesen Selbstcoach ausgearbeitet – und es hat mir viel Spaß gemacht! Nun kann ich guten Gewissens in die Erholungsphase gehen, denn jetzt ist es an Ihnen, aktiv zu werden!

Kleine Bibliografie

Bach, Richard: *Illusionen. Die Abenteuer eines Messias wider Willen*, München: Ullstein 1989.

Brown, Brené: *Verletzlichkeit macht stark. Wie wir unsere Schutzmechanismen aufgeben und innerlich reich werden*, München: Kailash 2013.

Kingston, Karen: *Feng Shui gegen das Gerümpel des Alltags. Richtig ausmisten. Gerümpelfrei bleiben*, Reinbek bei Hamburg: Rowohlt 2014.

Koenig, Detlef/Roth, Susanne/Seiwert, Lothar J.: *30 Minuten Selbstorganisation*, Offenbach am Main: Gabal 2011.

Kondo, Marie: *Magic Cleaning. Wie richtiges Aufräumen Ihr Leben verändert*, Reinbek: Rowohlt Verlag 2013.

Le Guiffant, Alice/Pare, Laurant: *Das kleine Übungsheft – Ausmisten und wieder durchatmen*, München: Trinity 2012.

Nussbaum, Cordula: *Organisieren Sie noch oder leben Sie schon? Zeitmanagement für kreative Chaoten*, Frankfurt a.M.: Campus 2012.

Petitcollin, Christel: *Das kleine Übungsheft – Psychospiele durchschauen und die eigene Rolle verändern*, München: Trinity 2016.

Poletti, Rosette/Dobbs, Barbara: *Das kleine Übungsheft – Loslassen. Der Weg zu einem befreitenLeben*, München: Trinity 2012.

Rimmele, Gabi: *Tausche Chaos gegen Leichtigkeit. So entrümpeln Sie Ihr Leben*, München: Patmos 2015.

Tödter, Regina: *Buddha räumt auf. Wie man mit weniger glücklich wird*, München: Südwest 2015.

van Stappen, Anne: *Das kleine Übungsheft – Grenzen setzen, Nein sagen,* München: Trinity 2012.
Watzlawick, Paul: *Anleitung zum Unglücklichsein,* München: Piper 2009.

Die Autoren

Erik Pigani ist Psychotherapeut, arbeitet aber auch als Journalist, Pianist und Komponist. Sein Spezialgebiet ist die Erforschung veränderter Bewusstseinszustände. Er absolvierte Ausbildungen in verschiedenen Techniken der Persönlichkeitsentwicklung und in transpersonaler Psychologie.

Christel Petitcollin ist Beraterin und Trainerin für Kommunikation und Persönlichkeitsentwicklung. Ausgebildet in NLP und Hypnose nach Milton Erickson, hat sie ihre eigene Praxis in Montpellier, Frankreich.

Die Originalausgaben erschienen 2013 bzw. 2014 unter den Titeln *Petit cahier d'exercices pour ralentir quand tout va trop vite* und *Petit cahier d'exercices pour mieux s'organiser et vivre sans stress* bei © Editions Jouvence, S.A., Chemin du Guillon 20, Case 184, CH-1233 Bernex.

MIX
Papier aus verantwortungsvollen Quellen
FSC® C013736

Umschlaggestaltung und Motiv: Hauptmann & Kompanie
Werbeagentur, Zürich
Satz: Danai Afrati, München
Druck und Bindung: Eberl & Kösel, Altusried-Krugzell
ISBN 978-3-95803-405-1